Edu Talk
NAKAMURADOH

ディベートルネサンス

究論復興

松本道弘 × 菊池省三

Debate Renaissance

中村堂

ディベート　ルネサンス　もくじ

対談者紹介

松本 道弘
まつもと みちひろ

一九四〇年大阪府生まれ。関西学院大学卒業。日商岩井、アメリカ大使館同時通訳、日興証券、NHKテレビ「上級英語」講師、産業能率短大助教授などを経て、世界初の英語による異文化コミュニケーション検定「ICEE」を開発。日本にディベート（究論道）を広めたことでも知られる。現在、国際ディベート学会会長。インターネットテレビ「ノーネスチャンネル NONES CHANNEL」で『TIME』を読む」に出演。私塾「紘道館」館長としてバイリンガルディベートに端を発した早期日本語ディベート教育を推進している。コミュニケーション哲学の根底には、常にバランスを尊ぶディベートがあり、それがなくては国際交流はできないという信念は今も変わらない。

著書は、『中国人、韓国人、アメリカ人の言い分を論破する法』（講談社）、『ネイティブが使う1秒英会話「音読篇」』（たちばな出版）、『同時通訳』（角川学芸出版）、『オバマの本棚―人を動かす言葉の裏に膨大な読書あり』（世界文化社）等、全約百四十冊。

菊池　省三

きくちしょうぞう

一九五九年愛媛県生まれ。山口大学教育学部卒業。現在、福岡県北九州市立小倉中央小学校勤務。文部科学省の「『熟議』に基づく教育政策形成の在り方に関する懇談会」委員。毎週一回行う「菊池道場」主宰。現在、年間百回以上の講演・セミナーを行っている。

著書は、『動画で見る　菊池学級の子どもたち』（中村堂）、『コミュニケーション力あふれる「菊池学級」のつくり方』（中村堂）、『小学生が作ったコミュニケーション大事典　復刻版（監修）』（中村堂）、『小学校発！　一人ひとりが輝く　ほめ言葉のシャワー』（日本標準）、『小学校発！　一人ひとりが輝く　ほめ言葉のシャワー2』（日本標準）、「菊池先生の『ことばシャワー』の奇跡 生きる力がつく授業」（講談社）、「学級崩壊立て直し請負人：大人と子どもで取り組む『言葉』教育革命」（新潮社）等、他多数。

二〇一四年八月一日現在

対談を終えた直後の二人

序章　ディベートとの出会いと日本のディベート草創期

■菊池省三のコミュニケーション教育との出会い

菊池　私は、今年（平成二十六年）で教師になって三十三年が経ちました。教職に就いて八年目くらいまでは、コミュニケーション、あるいはコミュニケーション教育というものに対して、特に意識はしていませんでした。

私が教師になりたての頃は、例えば、国語科では、「読むこと」と「書くこと」と「言語事項」が中心で、「話すこと・聞くこと」という音声言語に関する内容自体が、学習指導要領には示されていませんでした。（注1）

ですから、読解指導とか作文指導といったことが、学校教育現場の中心でした。私も教師になったばかりでしたから、それにしたがって授業を進めていて、それが当たり前という状況でした。

それはそれで一生懸命やっていましたし、楽しかった思い出です。

例えば、一泊二日の修学旅行が終わってから文集を作ったとき、学級の子どもたちが原稿用紙に書いた平均枚数は、四百字詰めで百枚を超えていました。もっともたくさん書いた児童は、四百三枚だったことを今でも覚えています。そんな感じで学級が成立していましたので、話し合いをすることとか、発表をすることなど、特に苦労はしなかったのです。教師生活九年目のときに、前の年に今でいう学級崩壊をしていたクラスを担任することになりました。六年生の担任です。子どもたちは、五年からそのまま持ち上がっていましたのでクラスのメンバーは同じです。担任が私に替わっただけでした。

最初に私は、「先生は、みんなと今日会ったばかりで、みんなのことが分からないから、自己紹介をしてくれないか」と言いました。すると、その三十何人の中の四、五人が泣き出してしまったのです。

「私の名前は、○○○○です。好きなスポーツは、野球です」というレベルの自己紹介ができなくて、みんなの前で泣くのです。

それまで、学級担任をしてきて、原稿用紙百枚以上の作文を書かせるという取り組みをしてきた自分が、初めて自己紹介ができずに泣き出すというレベルの子どもたちと出会ったのです。人前でひとまとまりの話ができない、スピーチができない子どもたちです。

そんな六年生と出会ったときに、単純ですが、「一年間で、人前でひとまとまりの話ができる子どもに育て上げよう」と思ったのです。

時代は、ちょうど平成になった頃でした。

その頃は、「話すこと・聞くこと」に関する教材もないし、教えようと思っても、そもそも自分自身がコミュニケーションに関する教育を受けていないわけです。

ですから、とりあえず、ビジネス書を買いあさって、何をどのように教えたらよいかを考えて、一年間過ごしました。

研究をしつつ、実践をしつつの繰り返しの中で、人前でひとまとまりの話ができる子ども、それを聞き入れられる子ども・学級になっていきました。その取り組みの成果は予想以上のもので、コミュニケーションの指導をとおして、子どもたちが大きく変わっていったと実感しました。一人ひとりが積極的になったり、友達同士の絆が温かくなったりしていく様子を見て、コミュニケーションの分野というのは、人間形成にとても影響が大きいことを感じました。学習指導要領にもないし、私自身もそういう教育を受けていないけれども、ひとまとまりの話ができなかった子どもたちの一年間の変容を見たとき、すごく魅力を感じたのです。

そんなことがきっかけで、自分としてコミュニケーションに関する指導を、学校教育現場の中でやっていこうと思ったのです。次の年も、子どもの状況はやはり似たような感じでしたので、継続してコミュニケーションの指導に力を入れました。

ですから私は、次の一年間もそうでしたが、「人前でひとまとまりの話をするにはどうしたらよいか」という問題意識からコミュニケーションの指導が始まっているのです。

「人前でひとまとまりの話」がある程度できるようになると、次にはその話をした子と聞いた子との間に、感想交流みたいなものが出てきますよね。「ああ、おもしろかったね」とか、「ああ、なるほど。ぼくにもそういうことがあったな」とか。あるいは、スピーチの内容によっては、「それは反対だな」「賛成だ」などと、聞いた側の子どもたちの意見が分かれる場面が当然出てきて、テーマについて話しきれるようになった子どももいたわけです。

■菊池省三のディベートとの必然的出会い

菊池　そんな流れの中で、「賛成」と「反対」に分かれて議論をしていく一つの方法としてディベートというものがあると、つながっていったのです。こんな経過で、ディベートを始めるというか首を突っ込むようになっていきました。
つまり、私の場合は、「最初にディベートありき」ではなくて、子どもたちの進化というか、成長に必要だったから、ディベートに出会ったということです。当時の状況を思い出しますと、教育の世界の中に、私の立ち位置とは少し離れたところに「ディベート論者」という言葉がありました。つまり、「最初にディベートありき」の人たちです。私の場合は、そうではなかったということです。

松本　なるほどね。

菊池　子どもたちの、実際と実態に合わせて、ディベートが必要になったのです。ディベートについて考えるようになった頃、「全国教室ディベート連盟」という組織が立ち上がりました。当時は、岡本明人先生や藤岡信勝先生、さらに、現在は静岡の富士常葉大学にいらっしゃる鈴木克義先生などに学びました。

松本　ええ、皆さん知っています。

菊池　鈴木克義先生は、私がディベートを学び始めた当時は、博多にある香蘭女子短期大学にいらっしゃいました。私の学級の子どもが、当時、朝日新聞の読者の欄に「討論って楽しいな」

という投書をして掲載されたことがありました。偶然それを読まれた鈴木先生が、「同じ福岡県の中に、こういう実践をしている小学校の先生がいるんだ」ということで、まだお会いしたことはなかったのですが、私のことを気にかけていただいていたということもありました。

余談ですが、その投書に子どもは「ディベート」と書いたのですが、掲載されたときには「討論」と書き換えられていたという思い出があります。

松本　はあ。

菊池　まだ、社会的に認知されていない、そんな時代でした。

松本　なるほどねえ。

菊池　その後、私が話をするセミナーに鈴木克義先生がみえられていて、お会いすることができました。「菊池先生ですね。あの新聞記事覚えていますよ。先生の学級のお子さんですよね」とお声掛けをいただき、そんなことがあって鈴木先生にも教えていただきました。

岡本明人先生も私たちの開催するセミナーにお呼びして、いろいろ教えていただきました。そんなかかわりができてくる中で、「全国教室ディベート連盟」とも関係して、今は東北福祉大学におられる上條晴夫先生や、佐賀大学の佐長健司先生にも学びました。

子どもたちの実態の必然性の中で、こういった方々に私はディベートについて教えていただきました。

佐長健司先生は、もともと香川県で小学校の先生をされていて、広島大学の附属小学校に行かれたあと大学の教授になられました。私がご指導をいただいた多くの先生の中で、佐長先生がいちばん骨太だったという気がしています。「民主主義とは何か」とか、「社会科の社会というのはどういうことなのか」というような大きなテーマでご指導いただき、参考文献も相当教えていただきました。「日本の『世間』と『社会』との違い」とか、「個が独立しない、群れ集団ではない『集団』とは」というような、基本的な考え方を教えてくださった先生でした。

私は、佐長先生のこうしたお考えに共感し、そのお考えのもとでディベートをしたいと思いました。私が現在学級経営の中で大切にしている、「一人ひとりが自立して公の社会をつくっていく」とか、「今後、社会に出ていくときの公に向かったそれにふさわしい考え方や態度を身に付けさせる」という基本は、佐長先生からディベートを学ぶ中で形成してきたものです。基本となる文献もふくめて、自分の理想的とするあり方は、佐長先生に教えていただき、培ってきました。私自身は、そういう変遷の中で、今の学級経営の指導の基本をつくってきたのです。

その後、数年が経っていく中で、軸としていた「全国教室ディベート連盟」が、少しずつ「競技ディベート」に重きを置くようになってきたと私には感じられました。「教室の現場とは違った方向に進んでいるのではないか」と、教室の現場にいる者にとっては、そう感じざるを得ない状況になっていったのです。

そんな外的な要因とともに、私自身は、地域的にも児童の実態としても、ちょっと厳しい状況の学校に異動しましたので、ディベートが成立する以前の状況の子どもたちと向き合わなくてはならなくなっていました。

そうなると、まずは、社会に出て行っても、自分らしさを発揮して、世のため人のために生きることができる人間に、目の前の子どもたちを育てていくことが何よりも大切なわけですから、考え方は同じだと思いましたが、ディベートという手法を即そのまま教室で用いることはできなくなっていたのです。

その後も、コミュニケーションをとおして人間関係をどうつくっていくか、あるいは、自分自身を子どもたちがどうとらえきれるかというところに教室の指導自体もシフトしてきていますし、少しずつ変えながら、現在の自分につながっていると思います。

もちろん、鈴木先生、佐長先生、岡本先生に出会ったときに、やはりこれは読まないといけないよと紹介された、松本道弘先生の著作については相当読み、勉強させていただきました。ディベートそのものを勉強したいということもあったのですが、ディベートをすると、当時の学校現場の主流である授業観と否応なくぶつかるのです。知識領域をきちんと教えるという従来の授業観と、一つのテーマについての是非を問う、価値判断の質を問うディベートでは、授業観が全く違うわけです。結果、地元の先生方や従来の教育の世界とぶつかることになってしまいました。そのために理論武装をする必要が出てきて、佐長先生や松本先生の本を読んで学ぶことを、どうしてもしなくてはならなくなったわけです。

あれから二十年ほど経ちましたけれども、現場の空気は、若干よい方向に変わってきたかなと思いますが、やはり、基本的にはあまり変わっていないだろうと思っています。

二十年の中での子どもたちの変化をみてくると、私の進んできた方向は間違いではなかったなという気持ちはあります。いろいろ、困難も多く、悔しい思いをしたこともずいぶんありましたが。

■日本のディベート草創期

菊池　松本先生から見られても、歴史的には平成になったあたりに、学校教育の現場にディベートが実際に入っていったということになりますか。

松本　そうだと思います。

ディベートという言葉が日本語になったのは、四十四、五年前ですね。私が、初めて使いました。ただ、当時は、英語を勉強している人でもディベートを「討論」と訳していました。日本人というのは、討論というのは嫌いなんです。意見を「たたかわす」ということが。

これは、日本の文化そのものだと思います。日本人は、すれ違いが好きなんです、すれ違いの文化が。日本の場合、吉川英治の「宮本武蔵」に書かれているような、武蔵とおつうの関係みたいに、逢っているはずなのに背中を向け合って、向こうを向いているような感じを美学ととらえているのです。

ですから、激論、討論とかいっても、全然激突はしていませんよね。

英語では、good clash って言うんですね。good clash というのは、かみ合った議論のことです。日本には、crush（完膚なきまで叩きのめす）があっても、clash（かみ合った議論）がありません。すれ違いです。

テレビの討論番組でも「激論」とかタイトルが付いてはいますが、意見は全くといってよいほどぶつかっていません。みんな一方的に持論を話すだけのスピーチコンテストです。

日本人は、一方的にしゃべるスピーチは得意です。居酒屋ではまさにそうですよ。自分の考えはたくさんしゃべるけれど、相手の言うことは聞いていないですからね。それを私は、argumentと呼んでいます。口論という意味ですね。

ディベートというのは、相手の言うことを聞かなくてはいけませんから、日本人は苦手です。日本人は、スピーチが好きなんですね。スピーチコンテストとか、オリエンテーションとか。有名人のスピーチを丸暗記して、それをいかに発表するかという、自己陶酔的なアウトプットが好きなんです。

だから、英語についても、日本人はしゃべることが大切だと思ってしまうのです。私の場合はその反対で、あくまでインプットのために英語を学びました。英語の楽しみは、それによって世界を学ぶことができると考えたのです。そして、その延長線上にディベートがありました。ディベートも、勉強するための方法だと思ったのです。相手を論破することではなかったのです。

こうした考えをもとに、海外へ行かずに英語の勉強はできると私は信じ切って、日本で、いや大阪だけで英語を勉強し、アメリカ大使館で同時通訳をするまでになりました。

考えてみたら、ディベートは勉強するための手段です。learn to learn、学び方の学びです。当時は、まだそれが日本にはなかったのです。英語を教えられて、それを丸暗記して、どこまで記憶しているかによって評価されるわけですから、そこには創造力も想像力も、全くないという感じです。

今、菊池先生のお話を聞いていて、懐かしい人たちの名前ばかりでした。約四十五年前に、私がディベートを始めて、その後出て来られた方たちばかりで、皆さん立派になられました。すべて知っている名前です。

今でも思い出しますが、当時は「ディベート」が「リベート」と間違えられるような時代だったのです。

菊池　私も、当時、研究授業でディベートの発表をしたことがあったのですが、それを地元の教育委員会が冊子にまとめてくれました。ところが、まとめの中で「リベート」となっていてびっくりしたことがあります。ディベート教育に賛成とか反対とかの以前のレベルの時代があったのです。

あと、池田賢治先生もいらっしゃいました。

松本　そうですね。

菊池先生のこれまでのお話を伺いまして、やはり自分は源流であったと自覚しました。最初に私が、日本でディベートを始め出した頃のことを少しお話しします。

「ディベートは勝ち負けを決めるものだから、日本人が大切にしている『和』というものを乱すことになる」という理由で、周りの人たちからディベートを始めることを反対されました。「日本中を敵に回すよ」と。

もう一つ、「英語でディベートするのは許されない」という雰囲気がありました。例えば、You are wrong, professor. と、英語で「先生、間違っていますよ」と言ったら、けんかになってしまいますよね。

当時の日本の大学では、多くは、教授が講義をして、二、三百人の学生がノートをとりながら聞いているというのが普通のスタイルでした。ひどい場合は、学生が手にしている教科書は二十年も前のものということもありました。質問もできない雰囲気でした。少数、少人数を対象としたクラスの形は、日本の大学には存在しえなかったのです。

その結果ですよ、今、日本人は創造的思考ができないと世界のメディアから嗤われているのは。そんなことを考えてみても、小学校のときからディベートをやるべきだと私は思います。ディベートを始めたときは、本気で日本中を全部敵に回すつもりでやりました。「そんなことやってたら、あなた生活できないよ」と、周りの人から忠告されました。ディベートはoff-limits、禁じられた場所なんです。

トップの人の言うことに逆らえないという空気が満ちていました。トップの人が言ったら、ほかの人はしゃべれなくなってしまう空気です。衣ずれの音が聞こえてくるほど静まり返った松の廊下を歩いて行くような気持ちです。これは、東日本で成り立つ文化ですね。

私は、原発問題も全く同じだと思っています。原発に反対するようなことを一言でも言ったら仕事がなくなってしまうから、何も言えないというような状況です。

振り返ってみると、当時の周りの人たちの忠告や予言は、ある意味正しかったですよね。それまでの仕事を失いましたし、会社は潰れるし、家庭も崩壊するし。それはそれは、大変でした。

それでも、かえってそれで強くなったということはありました。周囲の空気にいじめられたり、和を乱す男だと批判されたりしましたが、今はようやく自分の話を聞いてくれるようになりました。

注1　学習指導要領と「話すこと・聞くこと」

「学習指導要領」は、文部科学省が告示する教育課程の基準。各教科で教える内容が定められている。およそ十年に一度の見直しが行われ、改訂されている。

対談の中で菊池が言及している「話すこと・聞くこと」については、以下のとおり、平成十年の改訂で内容の領域として示されたが、それ以前は、「表現」の中に「話すこと」、「理解」の中に「聞くこと」が含まれていた。

●平成元年三月告示　二領域一事項
2　内容
A　表現、B　理解、〔言語事項〕

●平成十年十二月告示　三領域一事項
2　内容
A　話すこと・聞くこと、B　書くこと、C　読むこと、〔言語事項〕

●平成二十年三月告示　三領域一事項
2　内容
A　話すこと・聞くこと、B　書くこと、C　読むこと、〔伝統的な言語文化と国語の特質に関する事項〕

第一章　「型」と「形」　—　ディベートのめざすもの

■自己発見型学習 ― 学ぶ喜びとディベート

松本 源了圓さんという歴史学者が書かれた本で「身体の思想〈2〉型（一九八九年・創文社刊）」という本があります。この中に書かれている「型」というのが、日本の文化の基本だと思っています。

ボイエデ・メンテ（Boyé Lafayette De Mente）という人は、「The Kata Factor（一九九〇年・Phoenix Books刊）」という本を書いてベストセラーになっています。この中でも、日本の文化のポイントは「型」だと主張されています。

ただ、「型」になるまでには、それぞれの「形」があります。「案」と言ってもよいかもしれません。学校ディベートとか、競技ディベートとか、教室ディベートとか、いろいろな形が出ました。

菊池 「教室ディベート」は「形」だとおっしゃられましたが、私はそれは「型」じゃないのかなと思うのですが。

松本 いえ、「形」ですね。模範として固まったものではないから、まだ「形」です。

菊池 それが「形」だとしたら、「型」というのはどういうものをさすのですか。

松本 実のなる花が「型」です。その花は、造花であってはいけません。生花という「型」を造るには年季が必要です。

話が少し戻りますが、私がどうしてディベートを始めたかというと、思考訓練をして、考える喜びを得るためです。それまでの日本の文化では、思考にリスクをとるというのはなかったはずです。大学では、助手も准教授も、教授には逆らえないでしょ。逆らうと大学を追い出されてしまいますから。イエスマンになってしまう。今回の理化学研究所の問題は、その象徴ではないでしょうか。組織をみんなで守ってしまう。内部でディベートをすることが許されないのです。そんな状況が日本全体を覆ってしまっているのではないかと危惧しているわけです。

固定は死です。呼吸しない花は、生気のない造花です。

ディベートの喜びというのは、楽しさ joy です。喜びを生かすのが、あるべき「型」です。競技ディベートは、喜びではなくプレッシャー pressure の方が強いのです。相手を論破して、一番だったとか二番だったと。相手にやっとリベンジ revenge できたとか、これは勝つことによる喜びや快楽 pleasure 、ですね。快楽の反対語は、displesure です。負けた口惜しさで泣きます。本来のディベートでは、自分の考えが論破されて、すごい論理だと感激して泣くのです。負けて泣くのでありません。ここには、武士道と共通する思想があります。

「形」は、誰にでもあります。草木でいえば茎、花でいえば蕾です。美しい花を見ると、まねてみたくなります。それが模範としての「型」です。実のある花は、人の鑑（ロールモデル role model）になります。「形」を重ね、行を積み、「型」が出来上がってくるのです。英語でいうスタイル（style）です。スタイルの中身が実（サブスタンス substance）になります。実のなる花を「型」とするには、年季が必要です。今、私は「英語道」を「型」として体系化しようとしています。半世紀もかかりました。

■「競技ディベート」を乗り越えて

菊池　私が先ほど申し上げたように、学校には、知識領域の内容をきちっと教えるんだという文化がずっとあるわけです。それに対して授業観が違うと言ったのは、まさにその点なんです。

松本　ここが最大のポイントです。菊池先生のおっしゃるとおりです。教室でディベートをやる目的は、ディベートによって、子どもたちがどんどん活性化して、発見の喜びを知り、自己発見型の学習に変わっていくためです。

これは、ヒューリスティック・アプローチ heuristic approach といって、先生が知識を押し付けるのではなくて、子ども自身が目がきらきらさせながら、自己発見型の学習をしていくことをめざしているのです。

菊池　そうですね。結局、教室の中で、既存の知識をきちっと教えるという教師から子どもへの一方通行の関係ではなく、子どもたちが、どっちがよいのかという価値判断の質を競い合うという喜びや面白さが、ディベートの中に端的に出てくるのだと思います。子どもたち同士の競い合いの中で、教えてもらったり、気付かせてくれたりという学びです。

松本　今、おっしゃった価値判断の質とか、私はよく哲学という言葉を使いますが、それがなくなってしまうと、ディベートもただ早口になったり、数多く言えばよいみたいな方向に行ってしまうのです。私は、それを「玉入れ」だと呼んでいますが、言葉の「玉入れ」は本来のディベートではありません。

菊池　競技ディベートは、その側面が強くなりすぎてしまったということですね。

松本　そうです。私も競技ディベートを見たときに、これはエネルギーの向から先が違うと思いました。早口にたくさんの情報を言えばよいというものではありません。深みが必要だし、今、菊池先生がおっしゃったような価値観、私の言う哲学のような、一本の背骨が必要なのです。

競技ディベートで優勝したときに、その価値観が大切です。喜び感は、joy なのか pleasure なのか。pleasure は、快楽です。自分の発見の喜びでしたら joy です。displeasure という言葉はあっても、disjoy という言葉はありません。joy しかないんです。勝っても負けても、学ぶ喜びがそこにある。これが原点です。「道」です。

日本の国際化のためには、ディベートしかないとずっと思ってきました。

ところが、どんどんいろいろな「形」が出てきたんですね。様々な人が、ルールを細かく細かく決めていったのですね。
菊池先生のお話を聞いていて、本質的な理解を直感的にされていたんだろうと思いました。ぼくは、菊池先生の考え方が好きです。

菊池　以前見たのですが、競技ディベートを進めている団体のホームページには、ジャッジのルールが細かく多岐にわたって掲載されていました。読むだけでも大変な量でした。進めるにつれてどんどん細分化されていったのでしょう。教室の中の競技として、勝ち負けを重視するものだから、微妙なところの判定はこうあるべきだということを事前に確認しておく必要があって、どんどんルールが増えていっている状況だろうと思います。
ただ、そうなってしまうと、何のためにディベートをするのか、目的はどこにあるのかと考えてしまうわけです。

松本　そうですね。競技の場合、保険の約款のように細かくルールを決めてしまった方が、公平性という点ではよいですよね。

ただ、このことはディベートの本質ではないですね。子どもたちが目をきらきらさせていて、自分たちで新しいことを発見して、そんな子どもたちの喜びを見て、喜べるような先生であってほしいと私は思います。

競技になってしまうと、ルールに則ってディベートをするわけですから、先生はどうしても裁く側、子どもは裁かれる側になってしまいます。これはフェアではないですね。

ディベートでは、子どもたちには自由にしゃべらせて、先生も子どもから学ぶという姿勢でいなければフェアではないでしょう。ところが、ルールを細かくして、枠組みを決めると、ルールを破ったらダメという減点方式にしかなっていかないのです。

先生は、常に裁く人。トップの目です。私は、こうした関係はフェアではないと思っています。西洋では、「The devil is in the details. といいます。「悪魔は細部に宿る」ということです。よくないことは、細かいところに潜んでいるものです。

競技ディベートを見たときに、私は「あれ？これは、私の考えていたディベートじゃないよ。これは楽しくないよ」と思いました。点数を取るためだけのものです。

菊池　私がディベートを始めた頃の出来事ですが、教え子たちが卒業して中学校に進学してから、自主的に九州地区のディベートの大会に出たことがありました。私も「よし、やろう」と応援しました。論題は「日本は、サマータイムを導入すべきかどうか」というものでした。肯定側の相手は、とある大学の附属中学校で、学力が高いことで有名な学校でした。こちらは、名もない公立の中学校です。

メリットとデメリットを二つずつ出すというルールで進められました。

肯定側が、「サマータイムを導入すると、一つは雇用が増え、景気が回復する。もう一つは、エネルギーが削減できる」というメリットを主張しました。高知県で一年間で使用している石油が削減できると言ったと思います。

それに対し、私の教え子は「この二つのメリットは矛盾している。雇用が増えたら、エネルギーがそれまで以上に必要になるから、そもそも、立論が矛盾している」という指摘をしました。私は、素晴らしい反論だと思いました。

ところが、一つ一つの論に対して、どう反駁して、どういうことが有効だったかというルールで進められますから、このような反論は、有効なものとしてカウントされなかったのです。

二つのメリットが矛盾しているという指摘は、私は素晴らしい反論だったと思うわけですが、細かく決めたルールの中では、ジャッジも子どもたちの反駁を取り上げようとしないわけです。

私は、納得できなくて、大会の終わった後の懇親会で暴れたことを思い出します。

一つ一つの根拠に対してのみ意見を言うという、シンプルなルールです。ゲームといえども、主張している人の人間としてのトータルな考え方がどうなのかということが問われなくてはならないと私は思うわけです。


松本　それは、幼稚園の運動会で行う「玉入れ」という赤と白の玉をどれだけ多く入れるかというルールの競技がありますが、それと同じなのです。思考訓練になっていないのです。さすが菊池先生、よいところに気付かれましたね。

私のディベートの中で、なぜ「哲学」を入れる指導をするのかという点と共通しています。考える原点をどうつくっていくかということでもあります。

たとえば、菊池寛が書いた「恩讐の彼方に」という作品があります。自分の父親を殺した人間に対して復讐に燃えた息子が、やっとその敵に会えた。ところが、その男は海岸沿いの交通の難所にトンネルを掘っていた。トンネルの開通まで仇討ちは待つことにしたが、そのうち息子も一緒にトンネルを掘り進める。やっとトンネルが開通したときに、抱き合って喜んだ。―そんなあらすじですが、私はここでディベートをさせます。「息子は、復讐ができるかどうか？」

こんな論題ですと、価値観は、いろいろに分かれます。玉の数ではないですよ。例えば、それは罰は罰だから、親父の敵としてその男を殺さなくてはいけない、という考えが出ます。当時の武士道の考え方ですね。あるいは、恨まれていた人が「自分が間違っていた」と詫びて、その後、一生坊主のまま人のために尽くしていくとか。刀を持って復讐しようとしていた人が、刀を捨てて、自分も人のために尽くす生き方をしていくとか。

哲学があったら、玉の数の比較ではなくなってきます。早くしゃべればよいとか、言葉の数が多ければよいとか、そういうことではないと私は考えているわけです。

菊池　学校の中で、玉を変えようとか、玉をもう少し入れようというような小さな競い合いをしていても仕方がないわけです。人と人が出会ったときの心のぶつかり合いを抜きにして、ディベートは意味がないと、私は考えています。

松本　そうですね。メリットとかデメリットとかを主張する前に、その人の価値観が問われるわけですね。

自分の人生の中では、ディベートを始めたことによって様々なものを失ってしまったこともありますが、私のディベートの中に、メリットとかデメリットという考えはありません。

菊池　改めてお聞きしたいのですが、なぜ松本先生は、英語ディベートから日本語のディベートに移っていったのですか?

松本　基本的に、私の場合は、日本語より英語が先だったのです。とにかく英語がうまくなりたいという気持ちがありました。

ところが、英語をやっていても限界があるんですね。外国の人と話をするときに、内容がなかったら、話はできません。発音をしっかり勉強して上手になったとしても、やはり大切なのは内容です。

日本の英語教育で重点が置かれていることですが、いかに外国人と同じように発音をして、ジェスチャーをまねしたとしても、これではだめです。日本を捨てて英語の勉強をしていますから、英語の発音がうまくなればなるほど、日本のことを伝えられなくなってしまうのです。

日本語だったら日本の歴史を勉強しますけれども、英語を学び始めると日本の文化を捨てて英語に没頭してしまうのですね。海外に行ってきれいな発音で英語をしゃべっていると、上手だから余計に日本のことを質問されるわけですが、答えられないのです。

そんなことをとおして、私は気付きました。このままではいけないなと。英語を勉強するときも、外国人から質問されても、きちんと答えられるだけの勉強をしなければいけないと。そして、そのためにはディベートしかないと思ったのです。

日本のことを正しく外国に伝えていくために英語を勉強した、という感じです。英語を勉強しながら、日本についての勉強をずいぶんしました。「日本を守るために英語を勉強する」という意識でした。

海外に行かなくて、かえってよかったとすら思っています。英会話即ディベートだったのです。日本の文化や価値観を外国からどうやって守るかといっても、日本語では守れないですよね。相手は、英語でくるわけですから。

日本語にディベートが広まったということはよいのですが、技術やレトリックは学ぶけれども、何のためにやるのかという価値観が失われてしまいました。型がなくなって、形ばかりになったのです。

英語を学ぶ意義はバイリンガリズム（bilingualism）ではなく、バイカルチャリズムであるべきだと私は考えています。外国人の言葉、発音、ゼスチャー、思考パターンをそっくりまねるのでは、おもしろくありません。異文化衝突から何か新しい価値観が学べるというのが「妙」というものです。ディベート（究論）が異文化から学ぶ「道」だと考えれば、日本語でも、同じ相乗効果があるはずです。もっと英国文化圏を学ぶためにも、日本語でディベートの「行」を積めば、英語力も伸びるのではないかと考えたのです。実践の結果、英語力も飛躍的に伸びました。これが、私が日本語ディベートを始めた理由です。

菊池　今の話に通じるかどうか分からないのですが、先ほど「私はディベート論者ではない」という話をいたしましたが、その中で、ひとまとまりの話ができないから話ができるようにしたいという気持ちだったと申しました。

そのひとまとまりの話の中には、実はあえて「内容」は入れなかったのです。「みんなの方を見て話せた」ということで合格だとか、「みんなに聞こえる声が出た」から合格だとか、「ちょっと表情を柔らかくして話せた」から合格だよ、という感じです。

非言語といえば非言語のところを、一つずつクリアさせていくことによって、人前でひとまとまりの話ができるようにしてあげようというのが指導の実際でした。

それを経て、内容によって「賛成」「反対」と意見が出てくるようになって、ディベートに入っていきました。

ディベートも、最初は形というものを追っかけていかないとディベートそのものが成立しませんし、指導もできないわけですから、形から入っていきました。

「全国教室ディベート連盟」の当時のやり方は、ルールが細分化しすぎていて自分に合わなかったと言いましたが、一つの形を教えるには、格好の存在だったわけです。

ただ、それを続けていく中で、競技ディベートが私の考える方向とは違う方に走っていったということもあるのですが、私としては、内容が伴わないディベートというのは、やはりおかしいのではないかと考えたのです。内容がないまま指導をするということ自体がおかしいのではないかと、現場で気付き始めました。

そこから、哲学までいけるどうかは私自身の勉強の問題でもありますが、内容が不在であることに気が付いてからは、多少、形はよれよれでもよいから、教室の中で、型というものをきちっと子どもたちに指導することの重要性に思いが至りました。それでなかったら、スピーチをしようが、ディベートをしようが、意味がないのではないかという考えが、今の私の到達点ではないかと思っています。

松本　スピーチもできないのに、なんでディベートなんかやるんだ、という意見もありますよね。話すこともできないのに、なんでディベートかと。

その反対をやった人がデール・カーネギーのお母さんです。デール・カーネギーは、スピーチで有名な人でしたけれども、お母さんが偉い方でした。デール・カーネギーは、発音が不自由で人前でしゃべることができなかったのです。対人恐怖症です。そのときに、お母さんは何をさせたかというと、「あなた、しゃべることができないのね。わかった。ディベートをやりなさい」と言って、最初からディベートをさせたのです。

イギリスの教育もそこからです。しゃべることができない人はディベートから始めます。まず、思考ありき。まず、意見ありきにもっていきます。あなたの言ってることは間違いだ、という意見に対して、悔しいから、間違いでないという証明を必死にするのです。

早期に日本語でのディベート教育が必要だと私が主張してきたのは、それがポイントです。

菊池　何をどう話すかが大切だと言われているわけですが、どう話すかの方に偏りすぎてしまって、何をという部分を育てることが抜けてしまっているわけです。それを育てるのにディベートが役立つのだと思います。

■スピーチの三要素とディベート

松本　アメリカにＴＥＤ（Technology Entertainment Design）という、年に一回、大規模な世界的な講演会を主催しているグループがあります。本にもまとめられています。よいスピーチとは何かを競い合っています。

そのスピーチの中では、マイクロソフトの創始者であるビル・ゲイツのスピーチがいちばんよかったようで、その動画に対するアクセスが最も多いそうです。

よいスピーチとされるものは、三つの要素を備えていると、ＴＥＤでは言っています。

1. emotional　2. novel　3. memorable　この三つです。

emotional というのは、感動させるかどうかということです。emotion（情感）は、私が行っている六角ディベートでいう、火と水のロジックのようなものです。火のように、おれが、私がと主張します。水というのは、自分以外の周囲のことです。火と水が、外国語に訳せない「空気」を醸し出すのです。

つぎの novel（新奇）というのは、常に流れ、常に吹いている風のようないちばん新しい情報です。新しいもの、風のごとく、今いちばん新しく、聞き手の心をときめかす情報です。

そして、三番目の memorable（記憶に残る）は、石です。歴史に残って、何回も使える「型」になっているもので、古典のたぐいです。

もう一つ、補足的ですが、masters と書いています。その人が影響を受けた人のことです。菊池先生のクラスのお子さんたちは、もう先生の授業のことは頭に入って、影響を受けていると思います。型で勉強していますからね。

火・水と風と石の三点。これはナチュラルロジックです。自然の論理なんですね。

もう一つの masters、型を学ぶということを押さえたのが、アップルの創始者のスティーブ・ジョブズです。彼は、自分の失敗から語っています。失敗を語るということは、自分が水になって、目線を落としているわけです。

マッキンゼーの大前研一さんは、「私は世界を舞台に、日本の企業としてこれだけのことをした」と言います。これは、火の原理ですね。大前さんは、かっこいいですよ。「俺の言うことを聞け」と、火のようにパーッと燃え上がるようなイメージです。

私自身は、全く反対です。会社を潰しただめ男です。なぜ潰したかという理由は今となっては分かります。

自分に過剰な自信があったからです。ハーバードビジネススクールで教えられる会社倒産の理由の第一は、経営者の驕りです。「自分は、失敗さえしなかったら大丈夫。絶対に潰れない」、そんなことを平気で言うんです。

私も言っていました。「私は、松本道弘。NHKのテレビに出ているし、英語ができる。絶対に経営は成功する」と思っていたのです。大きな間違いです。

火と水とは、対等です。しかし、普通は皆、水の方へ行くのではないですか。スティーブ・ジョブズは、水になって目線を落として、自分の失敗の話をしたからみんな聞いてくれたのです。

感情emotionというのは、やはり感動を与えるかどうかがポイントです。それには、当然ですが、自分はこんなことをしたという、感情をもって訴える中身がなかったらだめです。すごくいじめられていた、というような話は一応話題になるのです。いじめられていたけれども立ち上がったという話は、人に感動を与えます。小さいときからすくすくと育って、親は金持ちで、一流大学を出て、偏差値もトップで、私は全く問題なかったし、欲しいものは全部手に入れました、というような話では人に感動を与えることはできません。

こう考えてみると、どもっていて人の前で話ができない、泣いてしまうような人というのは、成長のチャンスだと思います。

菊池　学校も同じだと思います。

結局、従来の教え方か、「ディベートがよい」と強く言う人、つまり火の人たちが出てきて、ぶつかり合うだけで終わってしまっているのではないでしょうか。ただお互いがぶつかって、批判し合っていくというレベルにとどまっているとしか、私には思えません。

もちろん、ディベートがよいという火だけではなくて、水みたいなものをこちらも出していかなくてはいけないと思いますが、お互いが受け入れながら、本気でやり合わない限りは、ディベートは浸透していかないと、今のお話を伺いながら、ああそうか、まだ自分は火で終わっていたんだな、という思いをもちました。

私は、ディベートをしながら、「ディベートも必要だ。従来のやり方もあってよい。でも何よりも大切なことは、内容をつくれる子どもを育てていくことだ」と思ってきたわけです。ですから、自分の中ではディベートそのものが重要視されているわけではなくて、あくまでも、ディベートをとおして、自分の頭でものを考え続けられるような人間を育てていきたいと願ってきているのです。

第二章　「ほめる」と「叱る」、三角ロジック

■「ほめ言葉のシャワー」――「ほめる」と「叱る」

松本　菊池先生の考えは、よく分かりました。

私は、学ぶためにいちばんよい方法がディベートだと思っています。ディベートで失敗したら学べるからです。

だいたい、私は本を読むと、本を書いた人とは二十パーセントくらい違う意見をもちます。菊池先生の「コミュニケーション力あふれる『菊池学級』のつくり方」（二〇一四年・中村堂刊）という本を読ませてもらいました。非常によい本でした。九十パーセントは、同意しました。ただ、引っかかったことがありました。それは、「徹底的にほめる」という部分です。これには、少し疑問に感じました。ぜひ、私の感想に反論していただきたいと思っています。

私が、菊池先生と初めてお会いしたときにもそのことを少し申し上げました。そして、その話をしながら私は菊池先生の表情に注目していました。私がこのことを話したとき、瞬間、ちょっと緊張した表情をされました。「自分の書いた本にけちをつけるとは、松本道弘って何者じゃ」というような感じでした。ところが、すぐににこやかな顔に戻りました。

私はそのときに、この人は話ができる人だと思いました。「おれの本に書いてあることについて、おれは絶対に一歩も譲らないし、変わらないんだ」というのでは議論はできません。私は、人と話をしながら、「今、私と話をしたことで、菊池先生がつぎに書く本の内容は少し変わるかな」、「私もつぎに本を書くときに、菊池先生のことを書くかもしれないな」というようなことを考えています。話をするということは、つぎに向かって建設的なものであってほしいと思っているのです。

そんな意味で、十パーセントの違いについてあえて話をした方がよいと思うのです。

率直に言うと、菊池先生の「ほめ言葉のシャワー」という取り組みにちょっと引っかかったのです。

先日、NHKだったと思うのですが、菊池先生とだいたい同じような主張をされている教師が紹介されている番組を見ました。「今、ほめなさい」と言っていました。

また、最近聞いた話ですが、とある中学校で喫煙問題の指導をする際に、トイレでタバコを吸った生徒に教師が「今日は、何本吸ったの」と聞きました。生徒は「八本です」と答える。すると、教師は「それはよかった。以前は十五本吸っていたから、減ったわね」とほめてあげるというのです。

私は、ちょっと待ってくださいと思いますよ。そんなことじゃないでしょうと。

菊池先生も叱られたことはあると思います。「ほめられて、おだてられて、だから、今の自分がある」と菊池先生が思っているとは思えません。私もほめられて、とても嬉しかったり、結果的によくなったこともありますが、私はそのうえで、「あえて、叱れ」と主張しています。
その「ほめる」ことと「叱る」ことについて、お話を是非聞かせていただきたいのです。

菊池 毎日の教室という現場での私自身の実際はどうなのか、という質問かと思います。どうでしょう。六ほめて、四叱る、という感じでしょうか。

松本 それを聞いて安心しました。絶対叱っちゃいけない、ということではないのですね。そういう考えの人だったとしたら、もう私は菊池先生と会えなくなってしまいますから。

菊池 私は以前、瞬間湯沸かし器と自称していたほど短気です。今でもその名残はあると思います。
よい意味で、教える者と教わる者の間の緊張感というものはとても重要だと思っています。教師として子どもに譲れないものがあるはずです。ある著名な先生は、そういう関係を保つために、「恐怖心を与える」と言われています。

私が、子どもに対して、いちばん叱るのは、教育、教師、学校、学級といったものに対して、リスペクトがない言動、表情も含めてですが、そういったものを感じたときです。それらへのリスペクトだけはもたせなくてはいけないし、なくしてはいけないと思っているからです。この関係だけは保ちたいと強く思っています。

今日、学校教育とか、あるいは教師に対する軽い見方が蔓延しています。それが子どもであったとしても、親の影響のもとで出てきた言動であったとしても、それは許さないという基本的な考え方に立っています。

「どんなときに、きちんと叱らなくてはいけないか」という問いに対して、よく「いじめに対して無視をしたとき」とか、「生命の危険があるとき」という答えを見聞きしますが、そういう出来事は、学校現場はそんなにあるものではありません。あったとしても、たまにですよ。でも、往々にして多いのは、そういう学校や教師に対するリスペクトがない、ということです。今、私は、そのことについては、子どもたちと厳しく向かい合っています。

松本　今のお話を伺って思ったことは、本を読んだだけでは、菊池先生のことを私は誤解したのかもしれません。

叱り方も分からない人は、確かにいます。

ディベートというのは、相手の哲学、相手の顔を殺してはいけないのです。その顔を支えているものを論破するのはよいけれども、相手の立てている基本的な価値観は尊重しないといけないのです。哲学や品格という面子《かお》は、潰してはいけません。

emotion については、さきほど申し上げました。スピーチで感動を与えるということは、これは愛なのです。自分自身を愛する気持ち、これが必要です。

優れたスピーチは、スピーチをしている本人が、自分の言ってることに自信の要素がなかったらだめです。落合信彦さんは、原稿を書きながら、書いている内容に感動して涙を出したというエピソードを聞いたことがありますが、それだけ感情移入ができるようでないと、人に気持ちは伝えられないですよ。これは絵になります。

ただ、勝手に一人で感動していても、周りの人たちは白けてしまいます。そこで大切なことは聞いている人を愛する気持ちです。自分自身を愛すると同時に、聞いている人も愛さなくてはいけません。それは、言いかえれば「ほめる」ということです。このことを基本として、そこからが議論がぶつかっていくのは、全く構いません。

基本的な姿勢としてほめる、ということではないかと理解しました。

私は、ほめることが下手ですが、ほめ方が本当に上手な人は、叱り方も上手な人なんだろうなと思います。叱り方の上手な人も、やはりほめるという気持ちがないとうまくはいきませんよね。バランスの問題だと思います。

菊池 気持ちというか、何のためにほめるのか、何のために叱るのか、という「何のために」という部分がどこを向いているか、「何のために」がどれだけしっかりあるか、ということがいちばん問題だと思います。

先ほどの「たばこを吸った本数が、十五から八に減った」ということも、「何のために」の部分がはっきりしないで、ただ減ったという枝葉の部分だけをほめているから、おかしな話になってしまうわけです。叱ることも、「何のために」がないままに行われ、怒るという感情に任せた行為になっていくのだと思います。

少し飛躍してしまうかもしれませんが、「何のために」の部分を上手く鍛えることができるのが、あるいは、考えざるを得ないのがディベートという思考の訓練だと思います。ディベートをすることによって、「何のために」がつくられる、見つけられるのだろうと思います。

何のためにをはっきりさせないまま、「たばこを吸った本数が、十五から八に減った」ということをほめていたのだとすれば、勝ち負けをはっきりさせるためにルールを細分化していくのと同じように滑稽なわけです。

何のためにほめるのか、何のために叱るのか、何のために学習していくのかという、自分で考えていく骨太の哲学をつくってくれるのが、ディベートという学び、思考の型ではないかと私は思います。

松本　教育の世界には、理知、ロジックが必ず入ってきますから、「怒っているのではない、叱っているのです」と言います。叱るから教育だ、怒るのは教育ではない、とよく二つに分けますね。でも、本気で怒ったら間違いかというと、私は必ずしもそうとも思いません。社会では、ただ感情だけで怒る人もいますよね。「理由は何だか分からなかったけれど怒られた」と。そんなことも、ときには教育効果があって、よいと思います。

菊池　「恐怖心を与える」というのは、教える、教わる者の関係を保つ、つまり教育というものを保障する一つのあり方としてはよいのではないかと、個人的には思います。

二十年ほども前のことですが、六年生を担任していたときに、卒業文集を作りました。

その文集の中に収めるために書いた作文の中に、ある女の子が「菊池先生が、顔を真っ赤にして怒ったとき、……」と書いたのです。その子は、ちょっと幼いところがあって、いつも先生、先生って、私のそばにくっついていたような女の子でした。

これをそのまま文集に載せてよいかどうかが、職員室で話題になったのです。そのときの教務の先生は、「載せたらいいじゃない。○○さん一生懸命書いたんでしょ。別に先生を批判して書いているのではなくて、素直な表現で『先生が、顔を真っ赤にして怒ったとき』って書いたんだから」とOKを出してくれました。私もそんな感じだったということですが。いまでも、覚えている出来事の一つです。

教育という、教室で行われる、人同士がぶつかり合う中で、きちっと叱る、あるいはきちっとほめるということは重要です。一方で、人間同士の魂のぶつかり合いみたいなものも、最低限度保障されなくては、学校教育は成り立たないのではないかと思うことがあります。

その部分が薄くなってきているから、今いびつな構図になってきているのではないでしょうか。ディベートの細かいルールのように、あの先生がこう言ったとか、あの先生がこういうことをしたと言われたら、学校はどう対応しようというようなことを細かく考えて、逆に必要のない心配事を増やしてしまっているのではないかと思います。

■win-win-winの関係

松本　ですから、私の考える三角ロジックは、筋がとおっているのです。過去、現在、未来と、ディベーターは全部三で考えるのです。私とあなたとそれ以外と。英語では、三人称と言いますね。これは、すべてに通用することです。私とあなたとそれ以外の第三者も。win-winで終わりではありません。win-winでは馴れ合いになってしまいます。目指すのは、第三者も含めたwin-win-winの関係です。

円の中に三角があるイメージです。

細かなルールを設定したディベートは、三角の中に円がある状態です。ルールの中に議論があるのです。

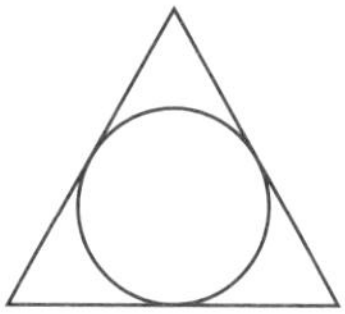
ルールの中に議論がある

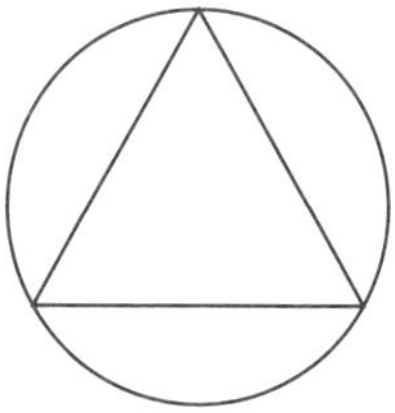
ルールにしばられず
殻を破った思考をする

ルールがあるから、全部、減点の思考です。私のいうディベートは、加点思考です。ルールを守ったうえで、新しいアイディアが出てきて、人格形成につながっていくのです。自分もつながった、相手もつながる。聞いている人も喜ぶという近江商人の「三方よし」の精神です。「三方よし」というのは、「売り手よし、買い手よし、世間よし」と、みんなハッピーだという考え方ですね。近江商人は、営利だけを目的としたような先物取引はしません。インサイダー取引みたいに内部の情報を分かち合って、それで悪事を働くという事件はあとをたちませんが、これは、インサイダートレードという、二人だけハッピーなｗｉｎ‐ｗｉｎです。周囲が犠牲になっています。

日本の経済が立ち上がってきたのは、ｗｉｎ‐ｗｉｎ‐ｗｉｎの関係を大事にしてきたからです。周囲が納得することがポイントです。説得から納得の段階です。二人は説得できても、第三者が聞いて納得しなくては意味がありません。納得の基本は、ディベートしかないのです。

菊池　ディベートは、審判が判定しますね。肯定、否定、審判の三者で行う。

松本先生にお話しいただいたｗｉｎ‐ｗｉｎ‐ｗｉｎの関係についてですが、教室の中でディベートをしたときに、クラス全員で三十何人いて、四十五分という枠の中で行うと、担任の教師として、「ああ、よい意見をもっているな。ああ、いい顔をしているな」と思うことがあるわけですが、そう感じられるのは物理的な問題として数名しかその立場になれないですよね。しゃべりたいという子もいるけれど、制限せざるをえないことを納得させて行っています。その時間の中で、陽が当たるのは、一部の子になってしまうことを納得させている状況です。

ディベートが終わったあとで、ｗｉｎ-ｗｉｎの関係ができたねと言っていても、心のどこかで発言できなかった子どもたちはどうなのかという思いがずっとありました。一生懸命議論した子はいいし、ｗｉｎ-ｗｉｎの関係になったねとほめてあげることはできても、意見を言えなかった残りの子どもたちが、それに納得したかどうかということにも思いを至らせる必要があるということですよね。

ディベートの当事者がｗｉｎ-ｗｉｎの関係で一生懸命議論する。その際に教師が、その議論の内容がクラスの残り全員にとってｗｉｎになるような内容だったか、話し方だったかということまでも意識して指導をしないと、教室全体がｗｉｎ-ｗｉｎ-ｗｉｎにはならないわけです。

ディベートをして、肯定側と否定側が、おたがいにｗｉｎ-ｗｉｎになろうと頑張る、そして、審判も、周りで聞いていた人たちもｗｉｎになるという三つ目のｗｉｎがあるということは、ディベートに限らず、ふだんの話し合いをしていても、時間的にどうしても話せない子が出てしまう学校というシチュエーションでは、教室を劇的に変えられるとても大きなポイントだと、私は思いました。

松本　三つ目のｗｉｎには、二つの意味があるのです。

一つ目は､ディベートの形です。三角ディベートは六角ディベートへと進化していますが、図にあるように「石・風・空・火・水」の担当パートを決めて、役割自体が初めから子どもたちに与えられているので、話せない子がいないように工夫をしているという形の問題です。（六角ディベートP.66　参照）

二つ目には、先ほどもふれましたが、よいスピーチと言われるものにはいくつかの要素があるわけですが､それにはウエット wet な部分とドライ dry な部分の両方が入っています。ディベートをしていく中では、肯定側も否定側もその議論に、一本の川が流れていくような軸のとおったメロディー melody があるかどうかを重視します。そして、それを聞いている人に、その川の流れのようなメロディーが届いているか、聞こえているかが重要です。さきほど菊池先生がディベート大会でのジャッジに対する苦い思い出を話されましたが、そうならないで、みんなが納得できて、「ああ美しい、なるほど」と、最後きれいに、気持ち的にも情的にも論理的にも納得して落ち着ける、それが六角ディベートの原理で、情を入れることによって三つめのｗｉｎにつながっていくということになるのです。

■教室ディベートでめざすもの

菊池　教室の中での日常的な話し合いの場では、そのようなきちっとした肯定と否定の形はとれないのです。今からディベートの学習をするぞ、というときは別ですが。ふだんは、三〜四十人いて、役割の分担はできません。

ただ、そうした中でもディベート的な話し合いを仕掛けることはできます。肯定と否定の役割は決められませんが、ディベートをやるときと同じように、意見を言い合う中で子どもたち一人ひとりが、常に、聞いている側、つまり別の意見を言っている周りの友達にも思いを至らせて、自分の意見をはっきりと言い切れるようになるということが、ディベートを行うことの究極の目的ではないかと思います。

松本　教室の中でのディベートを考えていくと、これまでの競技式ではない方法が必要ですね。

先日、テレビの再放送で「金八先生」を見ました。授業参観の日に、金八先生が「今日はディベートをしよう」と言って、向かい合う形ではなく、保護者の見ている前で、たくさんの生徒たちを指名して意見を言わせていました。私は、教室のディベートはこの方法の方が本当だ、と思いました。

菊池　そうですね。これまで行われてきたディベートが、競技を前提としたディベートだったわけですが、もともとの精神を生かして、ディベートの目指す思考する力を育てていく教室を実現したいと思っています。

形にこだわるのではなくて、たとえ形はよれよれであったとしても、場合によってはディベートの形式をとらないにしても、普通日常の教室の中で意見が対立したときにｗｉｎ-ｗｉｎの関係になるような集団、教室をつくりたいと強く思います。

松本　その教室のたたかい、素晴らしいですね。その結果、どの子どもたちも目がきらきらした教室になっていくはずです。

どことたたかって賞をもらうとか、一番になるとか、それも楽しければよいでしょうし、スポーツ化されたものもよいのですが、どれだけ活気あふれたクラスになっているかというところが、教室でのディベートの目指す道ではないでしょうか。

菊池　形か型かを考えたときに、松本先生と立場は違うかもしれませんが、型の範疇になったときには私の中では立場を一緒にさせていただいていたのかもしれないという喜びがあるのです。

松本　それは、いい。

第三章　ディベートの実際　―　松本道弘のディベート

■はじめに

松本道弘

これまでの対談をとおして、「スピーチ」と「口論」と「ディベート」の違いは、ご理解いただけたと思います。

改めて、整理をしておきます。

●スピーチ　大学の講義に代表される、話す人と聞く人が二つに分かれる形式。話し手から聞き手への、一方向のコミュニケーション。

●口論　双方向のコミュニケーションではあるが、一方の質問に対して、もう一方がまっすぐ答えない。すれ違いのやりとりが続くことも多い。お互いが聞く耳をもたずに、相手に反論をするので、ジャッジを必要としない。

●ディベート　お互いが意見を定め立場を譲らないため、そのままでは議論は平行線をたどる。そのためジャッジという第三者を必要とする。ジャッジが勝敗を決めるため、ディベーター同士は、勝敗にかかわらず笑って握手で別れることができる。

私は、ディベートについて四十年以上にわたり研究してきましたが、ここでは、「三角ディベート」、「六角ディベート」、「一人ディベート」の三つについて簡単に紹介します。

■三角ディベート

筋の通った話とは、「主張（結論）」「証拠」「論拠」の三つが明らかになったものです。

●論拠：人はみな死ぬ
●証拠：ソクラテスは人である
●主張（結論）：ソクラテスは死ぬ

そして、「主張（結論）」「証拠」「論拠」の三つを貫く哲学が重要です。

■六角ディベート

三角ロジックを原理・原則として行われるディベートの「知」は、常に動かない「石」のようなロジックと、常に変化する「風」のようなロジックに分かれます。

「石」は、「剛 hard」で物事の本質を固定されたルールに従って分析し構築します。「風」は、「柔 soft」でＴＰＯとか状況によって変わるエネルギーです。この「石」と「風」のロジックをうまく組み合わせて機能させれば、レベルの高い議論が展開できます。高いIQ(Intelligence Quotient)をもった人の論理といってもよいでしょう。

私は、これに「情的論理・情のロジック」というものを考えました。現在では、EQという指標(Emotional Intelligence Quotient)がありますが、それに近いものです。対談の中でお話ししたエモーションemotionにも通じています。大きな感動を与える部分ですが、この相乗効果を狙ったものが六角ディベートなのです。

現在、ディベート甲子園という競技が行われていますが、私の見る限り感動的ではありません。知的というよりも、ルール指導型で、採点者のためのものという印象を受けました。ロジックで迫っていっても説得はできます。ただ、説得はされても納得はしないのです。納得するとか、腑に落ちるという段階までいくには、頭だけではだめで、感動して動くかどうかという情理の力が問われます。ロジックとエモーションは、もともと相反するもので、両立はしにくいのです。

「情のロジック」に関しても、「火」と「水」の二つに分かれています。「火」は情熱（パッションpassion）で、自分の本音のままです。「水」は、慈悲の気持ちとか思いやりとかを意味して、たとえ建前と思われても、公の心を代弁します。

「知」と「情」が交差する五番目のポイントが「空」になります。真ん中が空になっていますから、台風の目みたいなものです。ビルディングの「芯柱」のように柔構造になって、揺れてもけっして倒れません。

そして、重心となった「空」のエネルギーは、さらに活性化され、「天」と「地」と正反対の方向に向かっていきます。「天」は、父親的な発想です。革命であり、変化です。

この反対に、下に向かっているのが、母親的な発想である「地」です。「天」と「地」が対になります。「天」の革命に対し、「地」は維新です。革命と維新は違います。革命は元に戻らないけれども、維新は元に戻ります。ですから、明治維新というのは、昔の価値観に戻るという意味です。いずれにしても、これで六角になります。

従来のディベートは、三角でした。「石」と「風」だけで充足していたのです。しかしながら、今日、このロジックの限界が現れていると私は考えているのです。ロジックの出発点であったヨーロッパ諸国の現状がそれを示しています。その中で、東洋のディベートに注目が集まってきています。その特徴は、論理の間違いを正すのではなく、直感が入ることです。

私が鏡を見て右手を挙げたら、鏡に映った自分は左手を挙げます。絶対一致しません。自分の中に反対するものがあるのです。私が話して、相手が反論するディベートですが、倒すべきは相手ではなく自分です。相手は自分の代弁をしてくれているという感じです。

●ロジックの基本

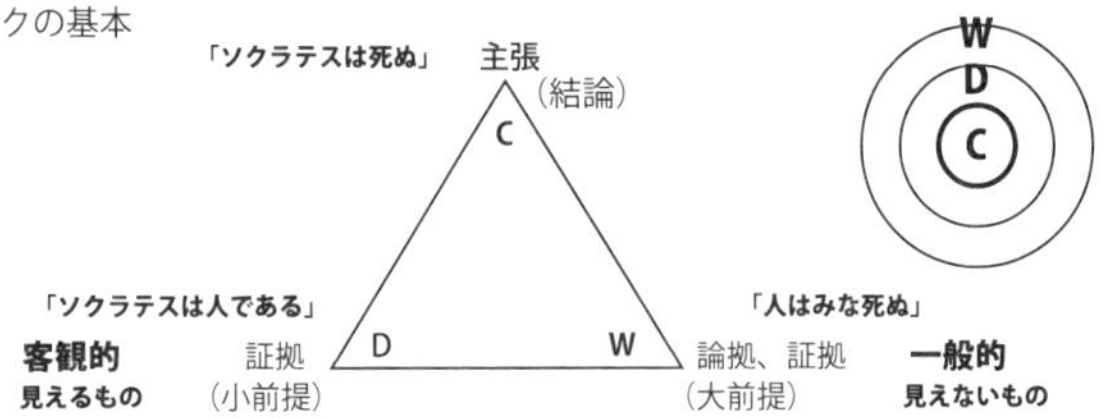

●六角ロジックのキーワード

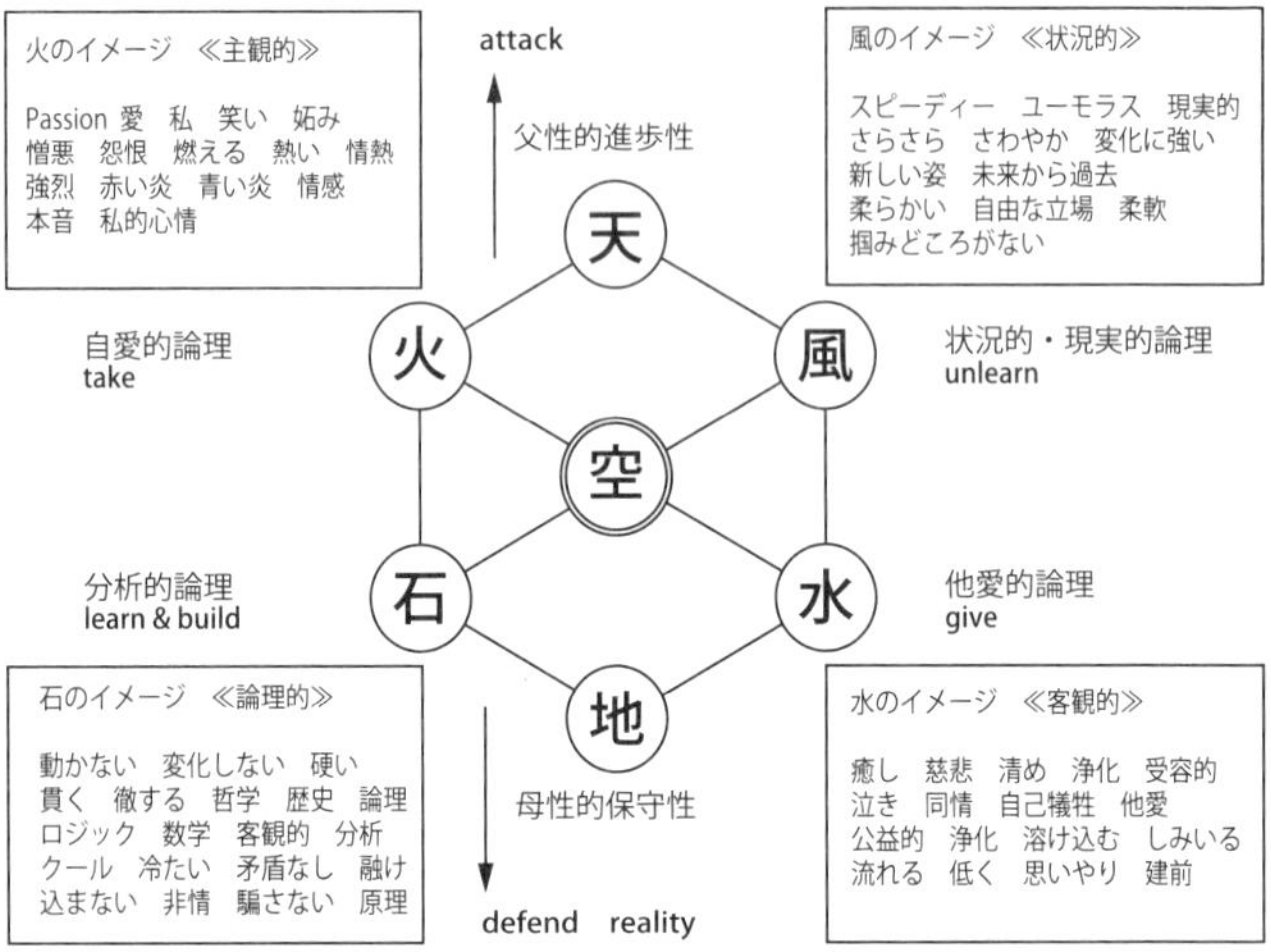

learn
【自動】学ぶ、身に付ける 分かる、知る
【他動】［経験や学習で］～を学ぶ、～に精通する
［技能や経験を］身に付ける、獲得する
～であると分かる［知る］

unlearn
【自動】知識を捨て去る
【他動】［学んだことを意識的に］忘れる
［知識、先入観、習慣などを］捨て去る

attack
【名】攻撃、暴行、襲撃
発作、発病 アタック、音の立ち上がり◆楽器の
［問題・課題・仕事などへの］取り組み、開始、着手
【自動】攻撃する
【他動】～をアタックする、～を襲う、～を攻撃する、～を非難する

defend
【自動】防御する≪法律≫弁護する
【他動】［敵の攻撃などから～を守る］、防御する
～を援護する、（人）の肩を持つ、～を主張する

reality
【名】現実［実在・事実］性 ◆実際にある、または起きるということ。
現実のこと［もの］、実際に起きる［存在する］もの［こと］
迫真性、現実への近さ、リアリティー 《哲学》実在

take,give
「give と get」松本道弘著を参照。

<六角ディベート（サッカーディベート）の標準フォーマット>

標準形は、肯定側、否定側、ジャッジともそれぞれ5名の計15名
各チームとも石・風・空・火・水の担当パートを決定しておく（リーダーは空）
参加人数に応じて形態を変えることもある（9人〜15人以上）
開始後は各自、担当パートの役柄になりきる（サッカータイム除く）
サッカータイムは役柄を無視してボール（論）を蹴り合う。

各チームごとに準備 【30分〜数日・1ヶ月】
（資料収集、ブレインストーミング、立論の肉付け・方針、戦略、敵チームの論点予想、対策など）

<ゲーム開始>

対決チーム各人の抱負・決意表明	各自ひと言
ジャッジ各人による審査基準の主眼表明	各自ひと言
主審による開始宣言	

	肯定側		否定側			
☆start						
肯定側立論	石	——→		【4分】	1対多	（　）分
反対尋問	石	守 ←—— 攻（質問）	風	【3分】	1対1	（　）分
否定側立論		←——	石	【4分】	1対多	（　）分
反対尋問	風	攻（質問）——→ 守	石	【3分】		（　）分
作戦会議				【1分】		（　）分
サッカータイム	（肯定・否定側双方が全員参加）					
前半		←—— キックオフ		【5分】	全面対決	（　）分
						（　）分
後半		キックオフ ——→		【5分】	全面対決	（　）分
作戦会議				【1分】		（　）分
第一反駁		←——	火	【3分】	1対多	（　）分
	火	——→		【3分】	1対多	（　）分
第二反駁		←——	水	【3分】	1対多	（　）分
	水	——→		【3分】	1対多	（　）分

判定	各ジャッジがパート毎にコメント・判定	【8分】
	チーフジャッジが総合評価と判定	【5分】

★「空」はリーダーとして常に全般の流れを監視しながら、仲間が苦戦しているときにヘルプ介入できる。

Negative1

Married life with children is no longer a licence, let alone, a status to be an influence.
家庭持ちは、影響力のある婦人にとり、社会的地位なんかでなく、免許証でもなくなった。

Affirmative2

Logic tells us it's hard for a single woman to balance home and work.
論理的に考えても、独身女性が、仕事と家庭の両立を教えることができるわけがない。

Negative2

Women are too disadvantaged, due to parenting to have it both ways; personal and public lives.
婦人は子育てのために公私の仕事を両立させるにはあまりにもハンディが大き過ぎる。

Negative3

If getting married is what it takes, there'd be a lot fewer professional women in work places.
もし、結婚することが条件となれば職場で働く婦人はもっと少なくなるだろう。

Affirmative3

No reason why Shiomura shouldn't get a cooperative husband to support her in the future.
彼女の将来のキャリアアップに協力的な夫を見つけてはいけないという理由はないはずだ。

判定

空気に逆らって空気に殺された。それが証拠に謝罪をしている。「公」の場で言うのは間違い。風の論理に逆らった。否定側が正しい。否定の勝ち。

注)NONES CHANNEL「『TIME』を読む」
月額 540 円の有料放送です。 http://www.nones.tv/time/ をご覧ください。

■一人ディベート

私は、現在、「ノーネスチャンネル NONES CHANNEL」というインターネットテレビ局で、「『TIME』を読む」という番組の「Power English」というコーナーの中で、「一人ディベート」を行っています。

ディベートは、本来、肯定側と否定側とに分かれ、判定をする人がいるわけですが、「一人ディベート」では、その役割をすべて一人でします。英語の思考法、使い方を学び、発信力を養うことを目的としたものです。登場人物のすべてを一人で演ずる落語の精神を、ディベートの中に生かしたものでもあります。

©NONES CHANNEL

以下にその番組のある回の内容を紹介いたします。

討論の順番は、

Affirmative(肯定)1 → Negative(否定)1 → Affirmative2 → Negative2 → Negative3 → Affirmative3 → 判定

と進めます。

Women like Shiomura Ayaka Should Get Married To Get a Home. Agree or Disagree?

Affirmative1

Conventional wisdom says woman have to "have it all" to lead the pack.
常識によれば、他の女性を率いるリーダーになるには、女としての通過儀礼を済ませるべきだ。

第四章　ディベートの実際　―　菊池省三の教室白熱ディベート

■ディベートの目的とその進め方

菊池省三

ディベートは、話し合いの基礎的な力をつくっていくのに有効な方法です。ルールのある話し合いです。私は、ディベートをとおして、次の二つの力を育てたいと考えています。

・感情的にならず、人と論を区別する
・相手を尊重しながら話し合うことができるようにする

私が教室で行っているディベートの基本的なルールは、次のとおりです。

・論題（話し合うテーマ）が決まっている
・立場が二つ（肯定と否定、AとBなど）に分かれる
・自分の考えとディベートをする上での立場とは無関係である
・肯定側立論→否定側質疑→否定側反論→否定側立論→肯定側質問→肯定側反論→判定
という流れで行われる
・立論・質問・反論できる時間は決まっている（今回は全て一分）
・勝敗がある

■「小学校にジュースの自動販売機を設置すべきである」

平成二十六年度の六月に「小学校にジュースの自動販売機を設置すべきである」という論題でディベート大会を国語科の時間の中で実施しました。

今回は、子どもたちを四人で一つのチームに編成しています。四人にすると、立論・質問する・質問に答える・反論と、全員の子どもが参加できるようになります。

一つの大会の中では、論題は変えません。立場は、基本的には対戦ごとに変えます。メタ的な思考力を鍛えたいと考えていますので、論題を変えると、子どもの内容に関する負担が当然大きくなりますから、論題を同じにします。

ディベート大会の中では、さまざまなドラマが展開されます。

この試合の過程では、負けたチームの女の子が泣いていました。判定の前に泣いていました。つまり、勝ち負けではなく、「全

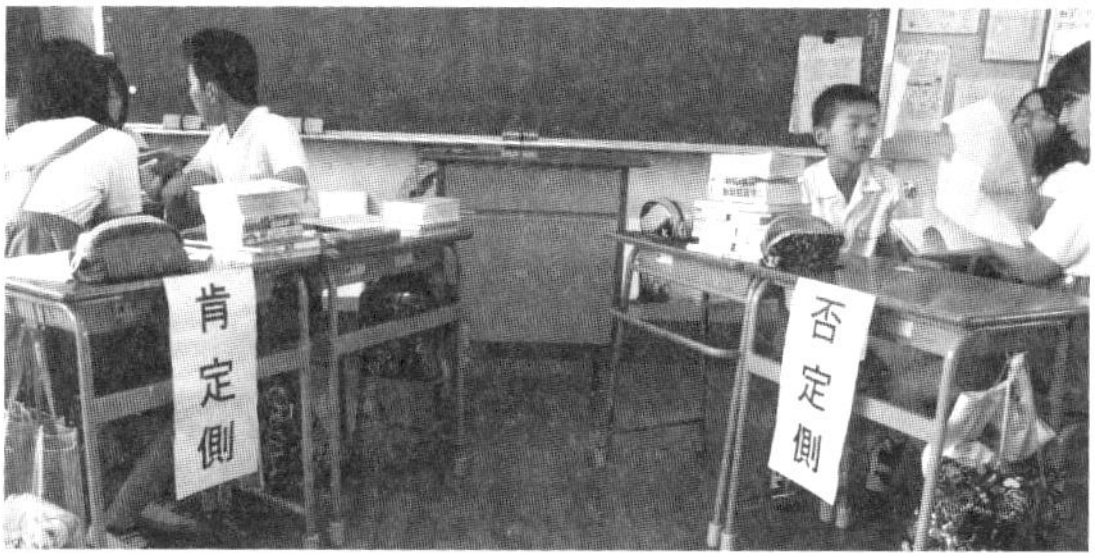

ディベート大会を開催

力でやった。だけど、自分の力不足が悔しい」といった気持ちだったのだろうと、私は思いました。「美しい涙」だと思います。

この大会の三位決定の中では、大要、つぎのような議論がなされました。

①肯定側立論

脱水症状を起こさないようにするためには、一日二リットルの水を飲む必要があるが、学校にそれをもって来るのは少々困難だ。

②否定側質疑

否定側：脱水症状を防ぐには、水道水を飲めばよい。

肯定側：水道水は、ばい菌がついている。

否定側：ばい菌がついているというが、水道水を飲んでいても病気にはなっていない。

熱気あふれるディベート

どうして、そのようなことが言えるのか。

肯定側：将来、起こるかもしれない。

否定側：なぜ、そう言えるのですか。答えられませんね。

③否定側反論

お茶が足りなかったら買えばよいと言うが、水道水を飲んでいても元気なので認められない。また、水筒のお茶だけを飲んでいても脱水症状にはなっていないので、一日二リットルの水を飲まなくてはいけないという意見は認められない。

④否定側立論

缶ジュース一本のカロリーは、ご飯お茶碗三・一杯分。糖分は三十グラムも入っている。糖分の取りすぎで、歯が溶けたり、心臓発作、

「力不足」を感じて泣く女の子

糖尿病、肥満になるなど健康に悪い。

⑤肯定側質問

肯定側：歯が溶けるというのは、都市伝説ではないのか。

否定側：ここをお読みください（資料を示す）。

⑥肯定側反論

外国のデータが示されていた。自分たちの小学校にジュース自動販売機を設置すべきかを議論しているので、国内のデータを見ないとだめだ。水道の蛇口が上を向いているので、ばい菌が入りやすい。

⑦判定

この試合では、否定側が勝ちました。なお、このディベートの様子は、「動画で見る　菊池学級の子どもたち（二〇一四年・中村堂刊）」というＤＶＤ付きの書籍に動画として収録されています。ご覧いただけたらと思います。

■ディベート学習で学んだことは何か

私は、対談の中で話していますように、ディベートをすることを目的とは考えていません。したがって、大会はディベートの優勝チームが決まったからといって終わりません。何よりも、子どもたち自身が、ディベートによって何を学んだかを振り返り、その価値を十分に理解させることが大切です。

私は、学習を振り返り、まとめをするときに「白い黒板」という取り組みをします。黒板の中央に「ディベート学習で学んだことは何か」というテーマを書きます。それについて子どもたち全員が、自分の考えを黒板に書いていくのです。三十四人の児童が平均して一人三〜四個の考えを書きますので、写真をご覧いただけると分かると思いますが、黒板は白いチョークの文字で真っ白になります。これを私は「白い黒板」と呼んでいるのです。

「白い黒板」は、子どもたちが全員で創る学級の象徴であり、黒板を子どもたちに開放することであり、私の教育観が形となって表れたものの一つとしてご覧いただきたいと思います。

「ディベート学習で学んだことは何か」というテーマに対し、今回は百十四個の意見が出されました。以下がその全てです。

61. 物事をいろんな方向から見る
62. 凛とした態度
63. 負けても勝ってもケンカをしない
64. うそをつかない
65. 先を読む力
66. ノートに逃げない
67. 発表の仕方
68. 何が悪かったのか自己再成力 （※原文ママ）
69. 判定の難しさ
70. 聞く
71. ルールを守る
72. 恥ずかしい心を破れる
73. 「たら」「れば」をしない
74. 悔しさを次のディベートでいかす
75. コミュニケーション力
76. 納得解
77. 深く考える
78. 審判側にも「マザー」「ファザー」「チャイルド」がある
79. 意見を全て受け入れる心の大きさ
80. 臨機応変のきびしさ
81. フローシートを真っ黒に
82. 反論を完全に言えるように
83. ラベルを分かりやすく
84. 自分から調べる
85. 様々な人の物の見方
86. ミラーの関係
87. 重要性について
88. 「わからん」を使わない
89. フローシートの大切さ
90. 試合で負けたくないという感情
91. 一人一人に責任があること
92. 深刻性、重要性をつねに考える
93. どうやったら審判に認めてもらえるか、の工夫など
94. より強い球をなげる
95. 立論、反駁、質問の仕組み
96. チームワーク
97. 意見からの意見
98. 「分からん」を言わないときと言うときの差
99. 相手の目を見て
100. 理解する
101. 細部にこだわる
102. 対抗意識を持つ力
103. 少しのミスが負けの原因
104. 急に緊張するときがある
105. 意見の重要性
106. 質と量
107. 自分のくいがないようにする
108. 話をつなぐ
109. 一人一人に役割がある
110. 油断は禁物
111. 分かりやすく説明する
112. ラベルを大切にする
113. グレーゾーン
114. 頭の回転を速くする

一人ひとりが意見を書く

■ディベート学習で学んだことは何か

1. 自分の新しい道が分かる
2. 相手の意見を受け入れること
3. 感謝
4. 助け合い
5. 反発力
6. 決断力
7. フォローカ
8. 空白の１分間→黄金の１分間
9. 話すタイミング
10. 負けた時の悔しさは、明日への一歩
11. 三角ロジックはいつでも大事
12. 勝ち負けにこだわらず、内容にこだわる
13. 美しい涙は、成長のもと
14. 調べた時の努力の違い
15. 団結力
16. バカの３拍子はダメ
17. メタ能力
18. みんな平等にすること
19. 凛とした空気
20. 相手のおかげでいい試合ができる
21. 相手の意見も納得する
22. 前を向いて話す
23. けんせい(牽制)しあえるようになった
24. 勝った時のうれしさ
25. 落ち着く
26. 人と意見の区別
27. 準備がどれだけ大切か
28. チームの難しさ
29. 審判の方を向いて発表
30. 審判として判定する責任
31. 負けた時の悔しさ
32. 自分の弱点が分かる
33. 勝ち負け関係なし
34. 理解し合う
35. 凛とする事
36. win-win になる事
37. 相手の大切さ
38. 表現力
39. 心を向き合う
40. 公のきびしさ
41. 予測する力
42. 引用の大きさ
43. メモの難しさ
44. 逃げない心
45. 自分のメモ力が分かる
46. チームの絆が分かる
47. メモ力
48. メモの取り方
49. 勝っても涙
50. あきらめない
51. 審判が聞き取りやすいスピード、声で言う
52. 挑戦力
53. 調べる力
54. 「えっ」の恥ずかしさ
55. 正直になること
56. 知的な心
57. 悔しい気持ち
58. 「伝える」書くのよりも読むのよりも難しい事
59. 切り替えスピード
60. 文章の組み立て方

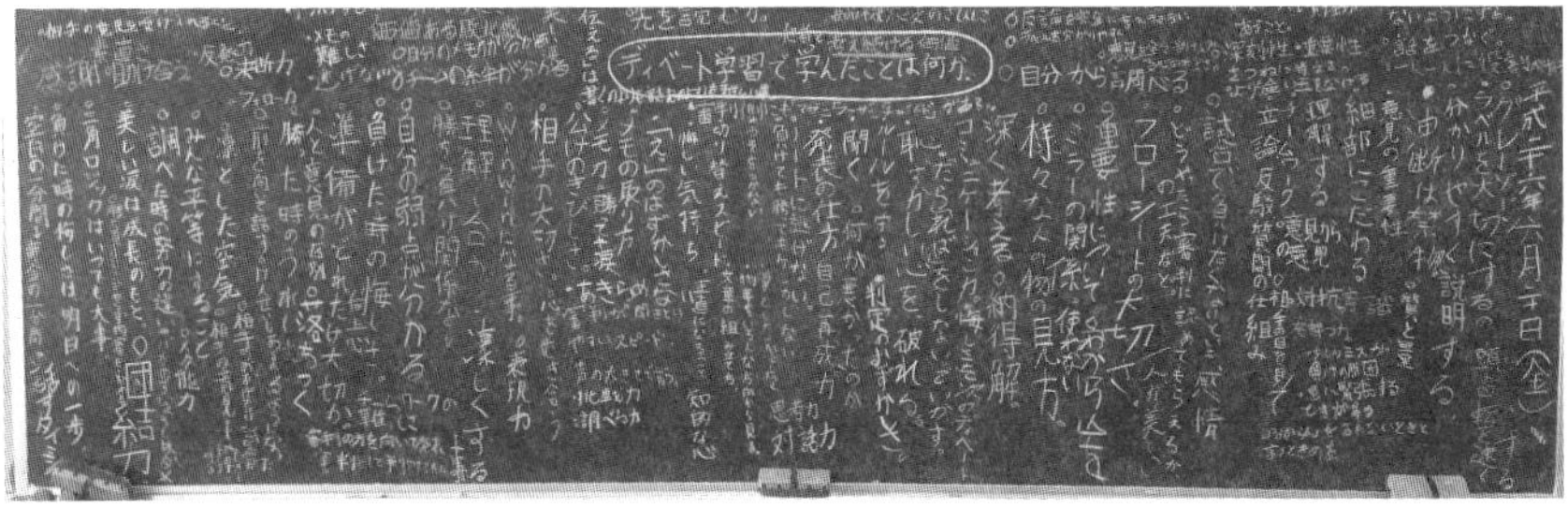

白い黒板

私自身は、こうした子どもたちのまとめを踏まえ、以下の五点をディベート学習の中で大切なものとして整理しました。

○価値ある敗北感
○素直さ
○向上心
○一人が美しい
○他者と考え続ける価値

勝ち負けを決めることがディベートの目的ではないこと、ディベートをとおして将来を見越した人格形成を目指しているということを改めて訴えたいと思います。

第五章　新時代のディベート

■失敗や危機をチャンスに変える

松本　ｗｉｎ‐ｗｉｎ‐ｗｉｎに関係して、私の体験を一つ紹介します。

アメリカ大使館で同時通訳をしていたときのことです。機会があって、大阪でそれなりの人数の方々を前にして英語でしゃべったことがあります。それで、私の師匠である西山千先生に「久しぶりに皆の前で英語でしゃべりました」と報告をしたのです。そうしたら、温厚な西山先生が、顔色を変えて怒られました。

西山先生というのは、日本の同時通訳の草分け的存在の方で、アポロ月面着陸のＮＨＫの中継で同時通訳をされたことで有名です。

その師匠が、「一人前でもないときに、人前で講演なんかしてはいけません！」と青筋を立てて怒り、私は叱られました。普段はとてもにこやかな人ですが、本当に怖かったのを覚えています、誰もいない一対一のときでした。私はずっと日記を書いていますが、その日、家に帰ってから「うちの師匠がものすごく怒った」と書きました。青筋を立てている様子も絵に描きました。それほど鮮烈な思い出です。

そんなに叱られたのは、修業中の身でありながら、公衆の面前で恥をかいたら、師匠の面子をつぶしたことになりますし、私自身がプロの通訳者としての道が断たれてしまうという懸念があったのでしょう。

「自己満足は危険である」ということを指摘されたのです。西山先生が六十歳くらいで、私が三十歳くらいでした。三十歳違いましたから、親子のように、いつも先生の横にぺたっとくっついて行動をしていました。それが、たった一度離れ、解放された気持ちになって英語をしゃべっただけであれほど叱られるとは思ってもいませんでした。

つまり、ｗｉｎ-ｗｉｎ-ｗｉｎの関係を考えられていたのです。英語を聞く第三者の人のことを思われていたのです。あの段階の私のレベルの通訳では笑われるぞという厳しい指導でした。そんな指導を受け止められるかどうかも、感性の問題ではありますが、「親である西山先生の言っていることが、子どもである私に分かった」という気持ちでしたね。

西山先生は、最後、ソニーの井深大さんに誘われてソニーの理事や顧問をされました。その後、人づてに、井深さんが「松本さんはよい生徒でした」と言ってくださっていたということを聞いてとてもうれしかったものです。

私は、いくら先生から叱られてもついていきました。叱られたからといって、根にもつということはありえませんでした。あんなに厳しく叱ってもらえる自分を幸せだな、と思ったものです。弟子の中には、先生の指導を根にもつ人もいました。こんな鬼みたいな怒り方をする人にはついていけないと言って。

私はけっして辞めませんでした。その代わり、途中、何度も病院に行きました。レントゲンを撮ってもらったら、「腸捻転ですね」と診断されたこともあります。「職業は何をされているのですか？」と聞かれました。同時通訳という仕事は、神経を使うんですね。

そんな経験から思うのは、叱るとか、怒るとか、私にとってはどちらでもよくて、叱られた私がとても怖いと思ったことは確かで、これからはきちんとしよう、中途半端なことはやめようと反省したことも確かです。やはり人間というのは、怒られたときに相手に誠意があるかないかというのは、直感的に分かるものだと思います。

菊池　そうですね。表現の仕方をどうするかということだと思います。失敗例を示した方が、子どもたちには分かりやすいという場合もあります。

松本先生が仰られた「子どもは、叱っている人に誠意があるかどうか分かる」というのは、確かにそのとおりです。教師の誠意ある指導は、叱るという行為であったとしても、子どもたちも分かってくれるだろうと思います。

松本　菊池先生のいらっしゃる北九州は、地域的にもいろいろな課題があるということを聞いたことがあります。そんな地域だから、すごい男も育つのではないですか。「無法松の一生」の舞台になったところですよね。

菊池　私は、スピーチからディベートと、たくさんの先生から多くの技術的なことを学んできたわけですが、冒頭申し上げたように、それらが通用しない教室に行ったときに、結局その技術は何のためのものだったのかということや、何のための指導なのかということを考えざるを得ない時間を過ごしてきたのです。

「小学生が作ったコミュニケーション大事典」（二〇一四年復刻版・中村堂刊）を作った小学校にいた六年間は、今思い出しても、本当に大変な学校でした。それまで、ディベートについて学び続けてきた技術的なことが、少しも子どもたちに伝わっていかないのです。学級を担任したとき、「何のためにディベートをするのか。何のために、形から入っていったスピーチ、例えば『みんなの方を向けて話せたからよかったね』という指導がなぜよいのか」というようなことを問い直さざるを得なかったのです。当時は、どうしてこんな学校で苦労をしなくてはいけないんだろうと思っていましたが、今となってみれば、哲学的な問題を考え、アプローチしていくよい勉強ができた時間だと感謝しています。

松本　菊池先生が、今、全国的にも有名な先生になっていますが、それは単にテレビに出たから有名になったのではなくて、菊池先生自身が覚悟をもって目の前の子どもという現実に向かい合ってこられたという長い時間が背景にあったからなのですね。

英語では、Crisis is opportunity. ピンチはチャンス、危機はチャンスをつかむ、という言い方がありますが、まさにそれですね。

私も、何遍も修羅場をくぐってきました。失敗の連続でもありました。いじめられるということもチャンスですよ。そういうこともありましたか。

菊池　もう、いっぱいありましたよ。連続でございます。

松本　お父さんも厳しかったんじゃないですか。

菊池　厳しかったですね。

松本　どれほど厳しかったですか。

菊池　怒られた記憶しかないくらいです。

ただ、一回だけほめられた記憶があります。私は、男ばかりの三人兄弟の真ん中です。兄と弟は、優秀でした。真ん中の私は、いつも叱られていました。そんな私が一回だけほめられたのです。そのほめられたことは、今でも覚えています。父は、「おまえがバカというわけじゃないんだけど、バカほど親にはかわいいんだよ」と。

何を言おうとしたのか、よく分からないのですが、真ん中の私ばかりを怒りすぎていたことに気づいて、かわいそうだと思ったのではないでしょうか。何か言わなければいけないと思った挙句の言葉が「おまえがバカというわけじゃないんだけど、バカほど親にはかわいいんだよ」でした。ほめたことになっていないと思いますが。

松本　そんなお父さんの言葉がよほどうれしかったということは、やはり、毎日叱られていたということがあって、そういう感動が生まれてきたのだと思いますけどね。ですから、「ほめ言葉のシャワー」という実践につながっていく「叱る」ことの関係が、菊池先生の中にはあるように思います。ほめられてばかりの中に、感動は生まれないように思います。

菊池　私は教師生活を振り返ってみると、自身の実践が批判され、バッシングを受けたことも少なくありません。一緒に勉強していた仲間が離れていってしまうという辛い経験もしてきました。

そうしたことがあっても続けることができたのは、目の前の子どもたちを見ながら、まだまだ自分が学ばないといけない、子どもたちに教えるために必要なことは何か、さらに、どうして自分は教師として子どもに教えているのか、というような自分にとっての背骨をつくっていくことに一生懸命だったからです。それをやめてしまったら、自分自身のこれまでのライフヒストリーそのものが否定されてしまうことになってしまうわけですから、よい意味で自分を守ることが、結局子どもたちの幸せにつながるということを考えて、誰が自分の周りからいなくなろうが、どんな噂を立てられようが、そんなことは関係ないと、私は判断し、決意もしたのです。

松本　周りの人たちとの価値観の違いですよね。

私も、ディベートを始めた当初は英語で始めて、たくさんの人が集まってくれました。NHKの上級英語の講師をしている松本だからと。

ところが、英語のディベートをやめて日本語のディベートを始めたら、半分以上がいなくなってしまいました。「残る方がよい」という選択を「プラスとマイナス」、あるいは「メリットとデメリット」で考えたら、マイナスやデメリットにかけるという哲学になるわけです。これはもう、数の問題ではなく、自分の信念をとおすかどうかの問題です。

菊池　私も、自分の信念をとおしてきて、結果的にはそうしたことでの自分の喜びが強くなりましたし、模索する価値がある生き方をしてくることができて、今、こうやって松本先生と話をしている、ある意味、衝撃的なことかもしれないです。

松本　メリット、デメリットで考える生き方をしていたら、今日の菊池先生は存在していないですよ。メリット、デメリットを超越する価値観をもたれていた、あるいは使命感みたいなものもあったんでしょう。北九州を舞台に頑張ってこられたわけですね。

菊池　「どうやって、ここまでこれたんだ」というようなことを、いろいろな方々から聞かれます。私は、愛媛県出身ですから、北九州にいても別に身寄りがあるわけではありません。その面での気安さがあったと思います。三人の男兄弟の真ん中だから愛媛を出られたくらいの自由さがあったわけです。

と同時に、出身大学も山口大学ですから、いわゆる派閥に影響されることもなかったわけです。「○○大学の人脈の中で教師の仕事をしていく」ということもありませんでした。

そういう意味で、体制に入るとか縛られるとかという状況が、なかったのだろうと思います。ですから、それまでの地元の教育方針とか、教育の基本的な考えということに対して、強く影響されるようなこともなかったので、隙間的なことができたのではないでしょうか。

それと、先ほども挙げさせていただいたような、著名なディベートの研究をされてきた先生方、例えば、鈴木先生や佐長先生、池田先生、上條先生、さらに藤岡先生などのお名前が一教諭である私の口から出てくるのは、教室の中の三十人を見ていて必要なものは何かを考える中で、探し出して会いに行き、教えてもらうという時間を過ごしてきたからです。必要だったから行ったのです。

そんな自由さが自分の根底にはあって、その自由さの一つの表れとして、ディベートに近づいていき、いろいろな先生方のお名前をここで言えるような状況を、私はつくってきたのです。

■阪神淡路大震災、東日本大震災後の社会から見えるもの ― 熟議と詮議

松本 分かりました。それは、正しい進み方ですね。

もう二十年ほども時間が経ちましたが、阪神淡路大震災がありました。震災直後でまだ復興に向けて手も付けられていないような段階で、被害を受けられたところから「ディベートを教えてほしい」と電話をいただいたことがありました。私も驚いて「今、ディベートですか」と聞き返しました。そうしたら、「地域がばらばらになってしまって、みんなで共有できる価値観がなくなってしまったのです。ゼロ思考で立ち上がっていく方法は、ディベートしかないのです」という話でした。いわば極限の状況に追い込まれて、ディベートで立ち上がろうとしたのです。みんなの意見を吸収してやらなければいけないというときには、ディベートをするしかないですよ。みんなで意見を出し合って、新しい時代を創っ

ていくということですね。

菊池　東日本大震災のあとも、みんなの意見を吸い上げる「熟議」という手法を活用して、何もなくなってしまった今、もう一度新しい街を創っていくにはどうしたらいいかと取り組まれている状況と同じですね。

松本　「熟議」の「熟」というのは「熟す」ということですか。私は「熟議」という言葉を初めて知りました。（注1）

菊池　「どん底」という言葉が適切かどうかは分かりませんが、そういう状況になったときに、新たなものを創るときに、コミュニケーションが絶対に必要になってくるというのは、現実です。厳しければ厳しいほどコミュニケーションによって意見を交流させていくしかないですよね。強力なリーダーシップをもった誰かが旗を振って、「これだーっ！」ていうようなことではないということです。

松本　「熟議」と聞いて思い出すのは、今の鹿児島、薩摩藩の「郷中教育」の「詮議」です。

薩摩藩の下級武士たちが全国の武士を相手に、明治という新しい時代を開き、動かしていったのです。西郷隆盛、大久保利通、桐野利秋といった人たちが、甲突川の川岸近くに集まって、毎朝、詮議をしていました。詮議をとおして、推理の能力を養い、思考力を鍛えていたのです。（注2）

例えば、先生から、「玄界灘で溺れそうになったときに漁船が来て助けてくれた。喜んで船に上がってみると、それは自分の父を殺した人間で、自分が仇を討たなくてはならない相手だと分かった。そのとき、おまえはどうする」というような質問を出します。教科書はありません、教科書的な答えもありません。議論としては、社会通念を一つの基準として「恩を仇で返すのか」、あるいは薩摩武士道、倫理的な理由、論理的な理由、道徳的な理由などさまざまなことを含めて議論をさせるのです。そして、最後に頭を下げてお礼をする。

菊池　教室でディベートをするときに、考えることをあまり重視しない、でも頭がよいとふつうにいわれている子どもを見ていると、どこかに答えが書いてあると思って、答えを探そうとするのです。教科書を見たり、資料集を見たりして、どこかに答えがあると思っているのです。考えようとしないわけです。

たくさんのことを覚えることも重要ですから、否定をするつもりはありませんが、知識を伝達する、子どもから見たら知識を蓄積していくことを中心とした授業観に基づいて学んできた子どもに、そうじゃないよ、知識ももちろん必要だけれど、それを使ってあながどう判断するかという、その判断の質を問いたいのです、その判断の質を上げる訓練をしたいのです、そして、そのこと自体が世の中の学びなのですと、子どもたちに訴えています。

この授業観を変えていく一つの処方として、私はディベートという方法を使っているのです。

松本　今のお話を伺っていると、菊池先生の実践されているディベートは「遊学」ですね。遊びというのは、遊ばせるという意味ではなくて、思考を遊ばせるというか、思考をシンクロさせて自分で発見させるという学びですね。

私が小学校六年生のときの授業中、突然「カーン」と鐘が鳴って、担任の先生が「火事だ！」と叫びました。そして、先生は「みんな、屋上に火事を見に行け！」と言ったのです。みんな、ダーッと教室を出て行きました。すると、校長先生がやってきて、誰もいない教室の机の上に○×をかいていったのです。整理ができているかどうかの○×です。屋上から帰ってきたら、私の机の上には×がかかれていました。これも遊びですけれども、先生から学んだことは何も覚えていない私ですが、机の上に×をかかれて、おれは整理が悪いなと反省したことはよく覚えています。

ディベートを遊び的に取り入れていくという方法もよいと思います。

菊池　そうです。ですから、何のためにディベートするのかという本質みたいなものを、子ども自身が体験をとおして少しずつ分かっていってほしいのです。

百のことを覚えて、それをテストの中で百使うということではなくて、百勉強したけれども二十しか使えなかったとしても、それでいいじゃないかと。つまり、学んだことをただそのまま出すということではなくて、学んだことの中にはそのままでは役に立たないこともあって、そういうことが起こるというのは人生そのものだと思うのです。

一生懸命勉強したけれど役に立たない。それが人生の勉強だと。それを、遊ぶ、遊学と言ってもよいと思います。こんな勉強の仕方もあるんだよ、こういった勉強の仕方が今後ますます増えていくんだよ、ということを暗に教えてくれるのがディベートだと思います。

ディベートに向けて一生懸命準備をしたけれど、自分が調べたこととは全然関係ないことを相手が言ってきたので、全く役に立たなかったという経験をして、「ああ、こういう勉強もあるんだ」と実感させてあげたいのです。

そのためには、指導者側のこちらも哲学みたいなもの、つまり考え続ける子どもを育てたいとか、言葉を大切にするということを教えたいというように軸をきちんともつ必要があります。それがないと、勝ち負けにこだわってしまったり、こういう勉強をしたけれどテストの点数に反映されないようなことを何でするのかというような批判に答えられなかったりするのではないかと思います。

結果、勝負にこだわったマニアックなディベートに突っ走るか、批判に答えきれなくてディベートから手を引いてしまうというような状況が、今の教室に見え隠れしているのではないかと私は思っています。

注1　熟議

「熟議」とは、協働を目指した対話のことをいいます。具体的には、次のようなポイントを満たした、協働に向けた一連のプロセスを指します。

1．多くの当事者（保護者、教員、地域住民等）が集まって、
2．課題について学習・熟慮し、議論をすることにより、
3．互いの立場や果たすべき役割への理解が深まるとともに、
4．解決策が洗練され、
5．施策が決定されたり、個々人が納得して自分の役割を果たすようになる

以上、文部科学省のホームページ「熟議カケアイ」より

菊池省三は、文部科学省の「『熟議』に基づく教育政策形成の在り方に関する懇談会」委員。

注2　郷中教育

郷中教育とは、方眼単位に、七歳ぐらいより二十五歳ぐらいまでの武士階級の青少年が団体（郷中）を編成し、特別の施設もなく、特定の教師もおらず、特別の公的補助もなしに、薩摩武士たるべき人間形成・人格形成を目指して、自発的、継続的に行ってきた教育活動であるとされる。「郷中教育と薩摩士風の研究」（著　安藤保・二〇一三年・南方新社）より

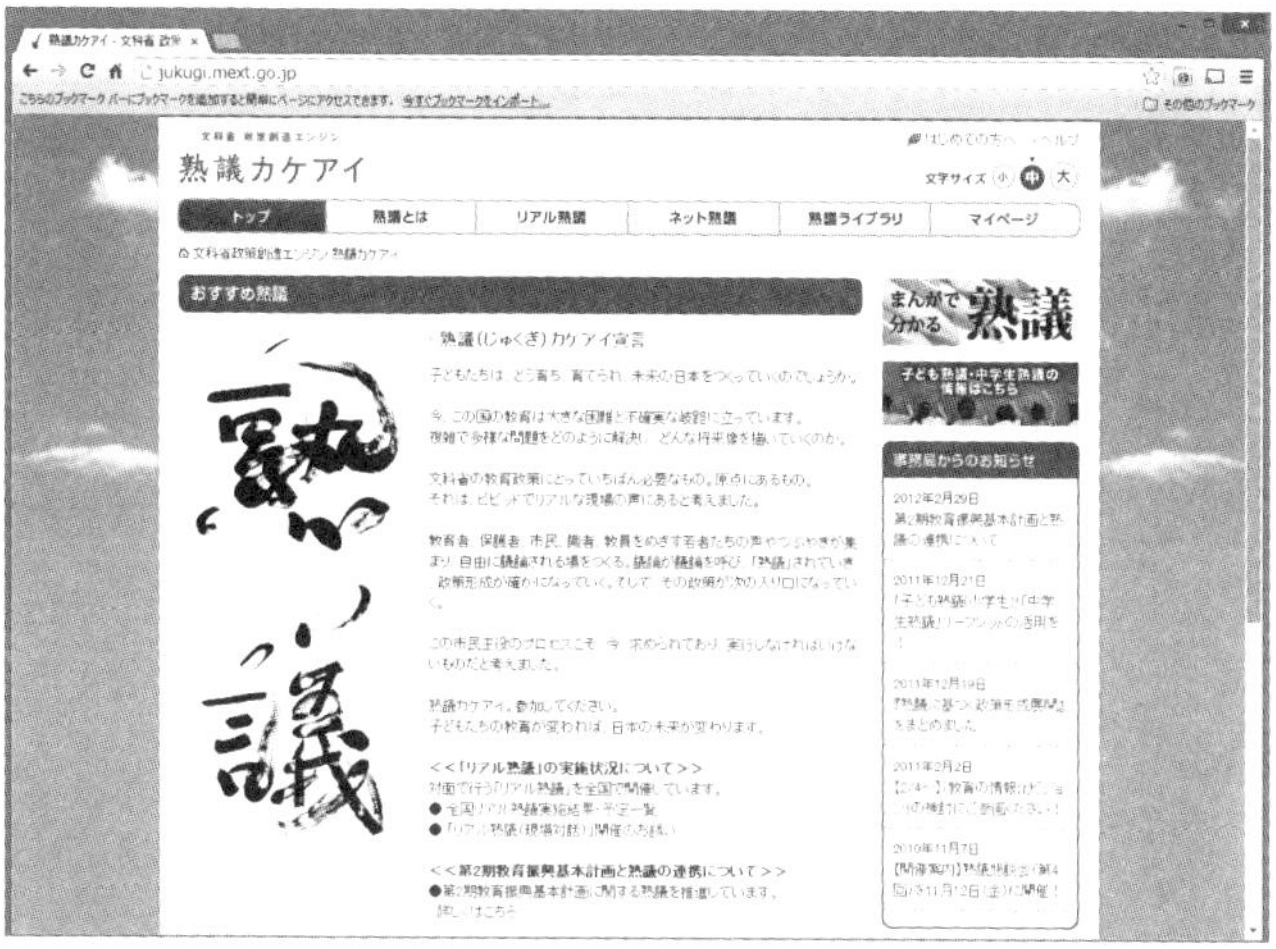

文部科学省のホームページ「熟議カケアイ」

終章　「対話検定」の創設に向けて

■ディベートのこれから ―「対話検定」

菊池　ここまでお話しさせてもらってくると、いよいよ「対話検定」を創っていこうという話になるわけですね。

松本　そうです。型をまとめ上げていきましょうということです。

形だったら誰でもまねができますけども、型になったら他の人が入ってこれないものになります。型は、流派とか「〜式」というものに似ているかもしれませんが、これから始めようとしている「対話検定」で目指したいのは、型ではあるけれども、流派に関係なく、いろいろな人が自由に入れるものを目指したいですね。

あまり細かくものごとを決めていくと、細部ばかりに目がいってしまって、ルールを決めること自体が目的化してくる危険性があります。組織の中で、ルールを守ることが楽しくなってしまってはいけないのです。本来は、ディベートの喜びの型を学ぶための形なのですが、形の中に入っていくとついついこだわりが強くなってしまいます。そして、分裂して流派がばらばらになっていきます。

そうならないように、みんなに開放された検定というものを考えていくとしたら、できるだけ自由に考えさせるという方向を中心とすることが必要ですね。思考の解放といってもよいと思います。

さらに、検定の中では「即興性」ということを軸に置きたいと思っています。小さな自己決定を重ねることで、人は強くなっていくのです。

菊池　私がこれまでのさまざまな運動の経験から学んだことは、排他的になって分裂し、小さくなって潰れていってしまった歴史です。

ディベートというのは、常に自己否定の繰り返しであり、新たなことを考え続けるということですから、結局、生き方そのものが、何をやっても排他的になったり、閉鎖的にならないという人間を育てていくことではないかと思います。「負けた方が学ぶ」ということもその意味だと思います。人間の学び、考え方、生き方のいちばん核となるものを、ディベートという体験をとおして教えてくれることになるのかなという気がします。

松本　日本でいう、「路《みち》」と「道《どう》」の違いですね。

「路」というのはずっと流れていく遺伝子の問題というか、ＤＮＡみたいに脈々と続くスピリットですね。一方、「道」というのは、お茶とかお花とか多様になってしまったその道を守るための型です。

私は、もともと「究論道」というものを考えていました。ディベートという言葉は使わないで区別していました。ディベートは誤解している人が多くて、曲解されていましたので、そんな言葉を使ったのです。「究論」は、本来お互いに話をしながら、理を追究し、求めていくものです。相手と自分との共同作業で成り立ち、勝ち負けは関係ありません。敵から学ぶということを基本として、お互いに分かり合うという文化をつくっていきたいですね。

相手とつながって、関係を模索しながらお互いを学んでいくというためにディベートをやっていくということが、私たちの共通の認識ですね。

そんな考えを土台として、今後、新しいディベートとして打ち出していきたいと思いますね。排他的になっていって、小さくなっていって、それぞれが対立するというためにやるのではなく、つながって学んでいく、そして広がっていく、深まっていく、社会全体、クラス全体が成長していくためのディベートの精神を軸として「対話検定」をまとめていただけたらよいのではないかと思います。

菊池　私は、それを教室の中では「自分らしさ」という言い方をします。

松本　「らしさ」もいいですね。アイデンティティと言ってもいいですね。

六角ディベートについて、これまで相当考えてきましたが、他の流派とぶつかることはありません。どんなものとも合います。絶対に否定をしません。

菊池　松本先生の六角ディベート理論に即して考えてみますと、「石」と「風」という「知的ロジック」が二十年ほど前に学校教育の中に入ってきたのだと理解しています。もともと、「火」や「水」といった学校教育の中にあった「情的ロジック」と融合できないでいました。私は無意識のうちに、「知的ロジック」がない、「情的ロジック」しかないと気付いていたのでしょう。

ですから、私は無意識のうちにこの六角形を教室の中にイメージしながら、「情的ロジック」を土台として「知的ロジック」をつくってきたのです。だからこそ、これまでの自身の取り組みは成立してきているのだと考えます。

松本　私の六角ディベートの考え方を教室でうまく応用してもらえるように、菊池先生にゲームとかワークシートなどの形に考えてもらえますね。あるいは、これから考えるまでもなく、すでに形になっているものもあるのではないでしょうか。すでにされている気がします。

「火」と「水」というのは、よく似ているものなのですが、それが二つに分かれています。「火」の場合は「謝れ」と人に言います。「水」の場合は「ごめんなさい」と自分から謝るのです。すぐに簡単に謝る人がいますけど、あまり信用できませんね。やはり、「火」と「水」のバランスが本来大切です。

菊池　例えば、教室の中で「先生が悪かった。このことは教えてなかったね」というようなことを教師が子どもに対して謝ると、子どもがびっくりします。

私自身は、自分自身のパフォーマンスも含めてですが、バランスがよいかどうかは分かりませんが、少なくともそういう要素は大なり小なりあったなと、今、改めて思います。

松本　菊池先生が、ここまで来られたということは、六角の考え方を自然に身に付けてこられたということですね。子どもたちと向かい合う中で、菊池先生が実践されてきたことが六角の考え方と合致していたという言い方もできると思います。

謝らなくてはまずいときもあるし、謝ってはいけないときもあるということですね。これは判断を間違えてはいけないことですし、非常に難しいことですね。

菊池　なぜ、それを私は自分がしてきたか、できているかというと、先ほど出ていた哲学みたいなものが背景にあるからです。どんな人間を育てるのかというところがぶれなければ、それ以外のことは枝葉です。子どもに謝るという場面があったとしても、絶対に引かないという状態を子どもとの間につくったとしても、そうしたことは、哲学を踏まえれば、どうでもよい部分です。

品格というものは、絶対にゆずれないものです。自分のライフヒストリーもあるし、日本の歴史みたいなものもあるし、不易の部分だと思います。それは、自分が叱られた経験とか、ほめられたことが少ないという自分自身の生き方みたいなものが、つくっているのだろうと思います。

ある先生はこういう指導をしているとか、○○式という手法を採っているとかということも同じです。なぜ、その先生はその指導法を採ってきたのかという背景がなかったら、背景が伝わってこなかったら、いくら技術的なものを自分の教室の中でまねしたとしてもだめだということです。

松本　日本人も、もっと積極的に議論していた時代がありました。鎖国を続けるのか、開国するのかと、町中の全員が参加して大いに意見を交わしていたのです。古代ギリシャの時代も、ディベートをするのが当たり前だったと言われています。

ディベートを好きとか嫌いとかで判断しているのは、日本くらいではないですか。好き嫌いではなくて、当然のようにするものだったのです。なぜならば、ディベートとは前向きに考えるということなのですから。

菊池　ディベートが嫌いという人に多いのが、ディベートはだいたいが陰湿的だからという意見です。私に言わせたら、あなたがそのように好きか嫌いかと言ってること自体が陰湿的ではないかと思っています。

松本　ディベートを日本語に改めて置き換えてみようとすると、「前向きに検討する」ということですね。議論とか討論とかとしてしまうと、おかしくなってしまいます。前向きに考えるから、間違ってもよいし、勝ってもよいし、お互いから学びあえます。日本に少し欠けていた学ぶ方法論ですね。

知的な部分と情的な部分について、どっちが知的でどっちが情的とか、今自分が話していることは知的なことであって、あなたが言ってることは知と情が混ざっているな、という判断をきちんとすることが日本人は苦手です。

だから、そこを分けるということがとても大事だと思うものですから、あえて両方が入っているものについて、「どっちだろうね」と考える機会がたくさんあれば、日本人はとても成長すると思います。

大人であっても、いくら議論をしていても、その区別をきちんとできません。混ざっているものを整理して分けられないというのは大きな問題で、これはディベート以前の問題です。ですから、このことが解決すると、個々の人生が豊かになると思います。両方のことを考えられるのですから。

菊池　こういう考え方自体を分かっておかないと、相手の立場や考え方自体が理解できないわけです。六角の構図、丸と三角の基本となる考え方や手法をきちんと示し、理解することが大切ですね。教室でも、大いに役立つものです。

補章　「対話検定」について

「『対話検定』準備委員会」説明資料

即興　対話検定

松本道弘 × 菊池省三

人は対話によって成長する

私たちは、対話によって成長する
僕たちは、対話によってわかり合う

目指せ対話名人

対話 ― それは、優しさ
対話 ― それは、自分を知ること
対話 ― それは、挑戦すること
対話 ― それは、世界を知ること

人は、対話によって他人を知り、
対話によって自分を知る。

人は、対話によってことばを知り、
対話によって思考を鍛える。

人は、対話によって苦悩を知り、
対話によって希望を得る。

人は、対話によって世界を知り、
対話によって世界を創る。

人は、対話によって成長する。

背景

子どもたちのコミュニケートする力が乏しくなったと言われるようになって久しい。自分から他の人に関わろうとする力、目の前に起こった出来事や問題に対応する力や考える力についても然り。
その声は、小学生、中学生、高校生、大学生、そして、社会人の育成に関わる人たちから聞かれる、社会全体の課題とも言えよう。

異文化との衝突を免れない時代に備える社会では「グローバル人材」「社会人基礎力」の育成が叫ばれる。
社会全体の幸福、また、個人の幸福を具現化するためには、「思考」と「対話」の教育・訓練は不可欠なものである。
ここに、「国益」と「個人の幸福」のための「思考」「ことば」の教育の具体策を提案する。

グローバル人材（経済産業省・文部科学省）

○主体的に物事を考え、
○多様なバックグラウンドを持つ同僚、取引先、
顧客等に自分の考えを分かりやすく伝え、
○文化的・歴史的なバックグラウンドに由来する
価値観や特性の差異を乗り越えて、
○相手の立場に立って互いを理解し、
○更にはそうした際からそれぞれの強みを
引き出して活用し、相乗効果を生み出して、
○新しい価値を生み出すことができる人材

求められる能力

①社会人基礎力
②外国語での
コミュニケーション能力
③異文化理解・活用力

産学人材育成パートナーシップグローバル人材育成委員会　2010 年　報告書より

グローバル人材（外務省）

求められる要素

①語学力・コミュニケーション能力
②主体性･積極性、チャレンジ精神、
協調性･柔軟性、責任感･使命感
③異文化に対する理解と
日本人としてのアイデンティティー

社会の中核を支える人材に共通して求められる資質

○幅広い教養と深い専門性
○課題発見・解決能力
○チームワークと（異質な者の
集団をまとめる）リーダーシップ
○公共性・倫理観
○メディア・リテラシー等

グローバル人材育成推進会議　中間まとめより

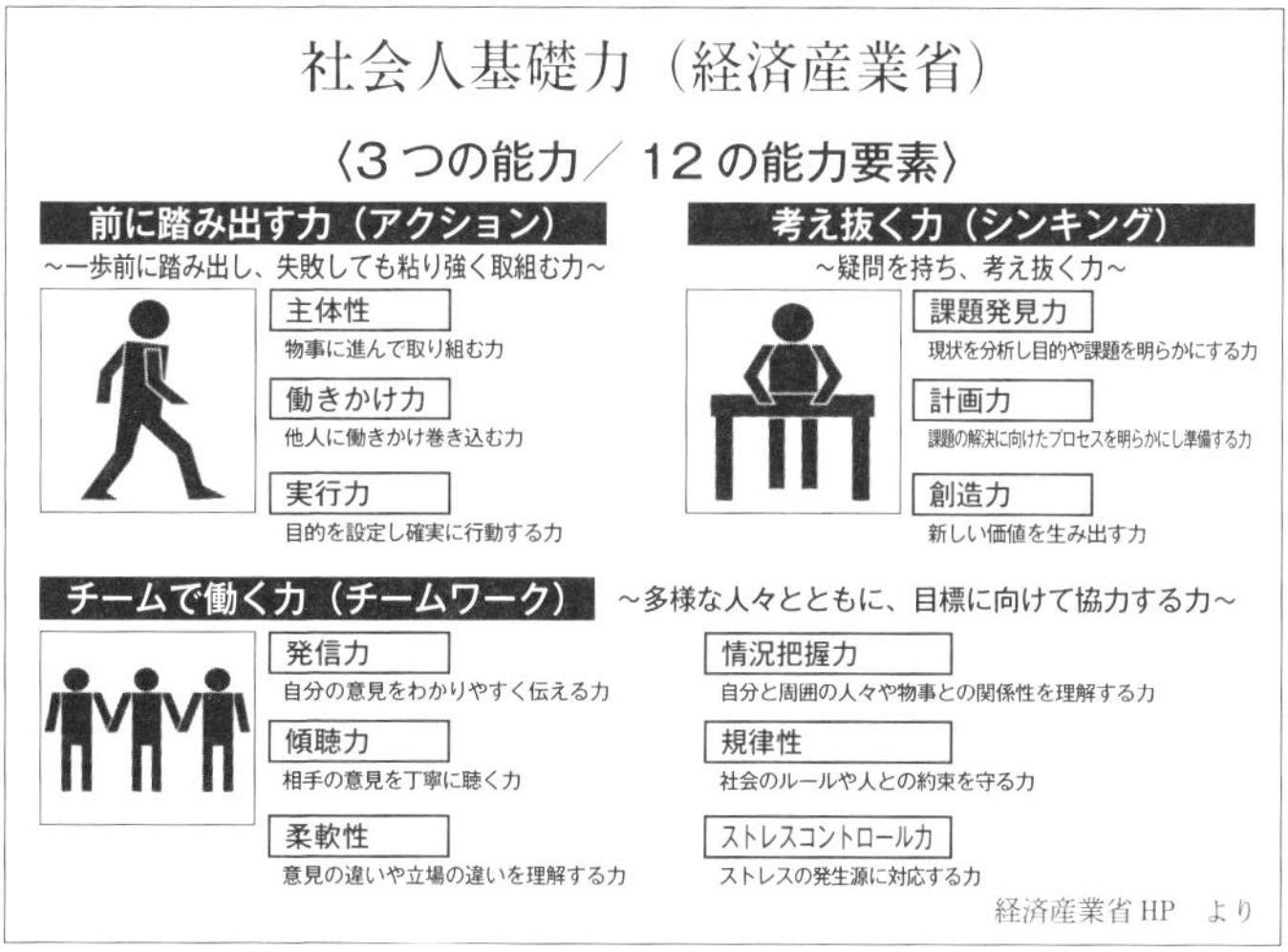
社会人基礎力（経済産業省）
〈3つの能力／12の能力要素〉
前に踏み出す力（アクション）
～一歩前に踏み出し、失敗しても粘り強く取組む力～
主体性
物事に進んで取り組む力
働きかけ力
他人に働きかけ巻き込む力
実行力
目的を設定し確実に行動する力
考え抜く力（シンキング）
～疑問を持ち、考え抜く力～
課題発見力
現状を分析し目的や課題を明らかにする力
計画力
課題の解決に向けたプロセスを明らかにし準備する力
創造力
新しい価値を生み出す力
チームで働く力（チームワーク）
～多様な人々とともに、目標に向けて協力する力～
発信力
自分の意見をわかりやすく伝える力
傾聴力
相手の意見を丁寧に聴く力
柔軟性
意見の違いや立場の違いを理解する力
情況把握力
自分と周囲の人々や物事との関係性を理解する力
規律性
社会のルールや人との約束を守る力
ストレスコントロール力
ストレスの発生源に対応する力
経済産業省 HP より

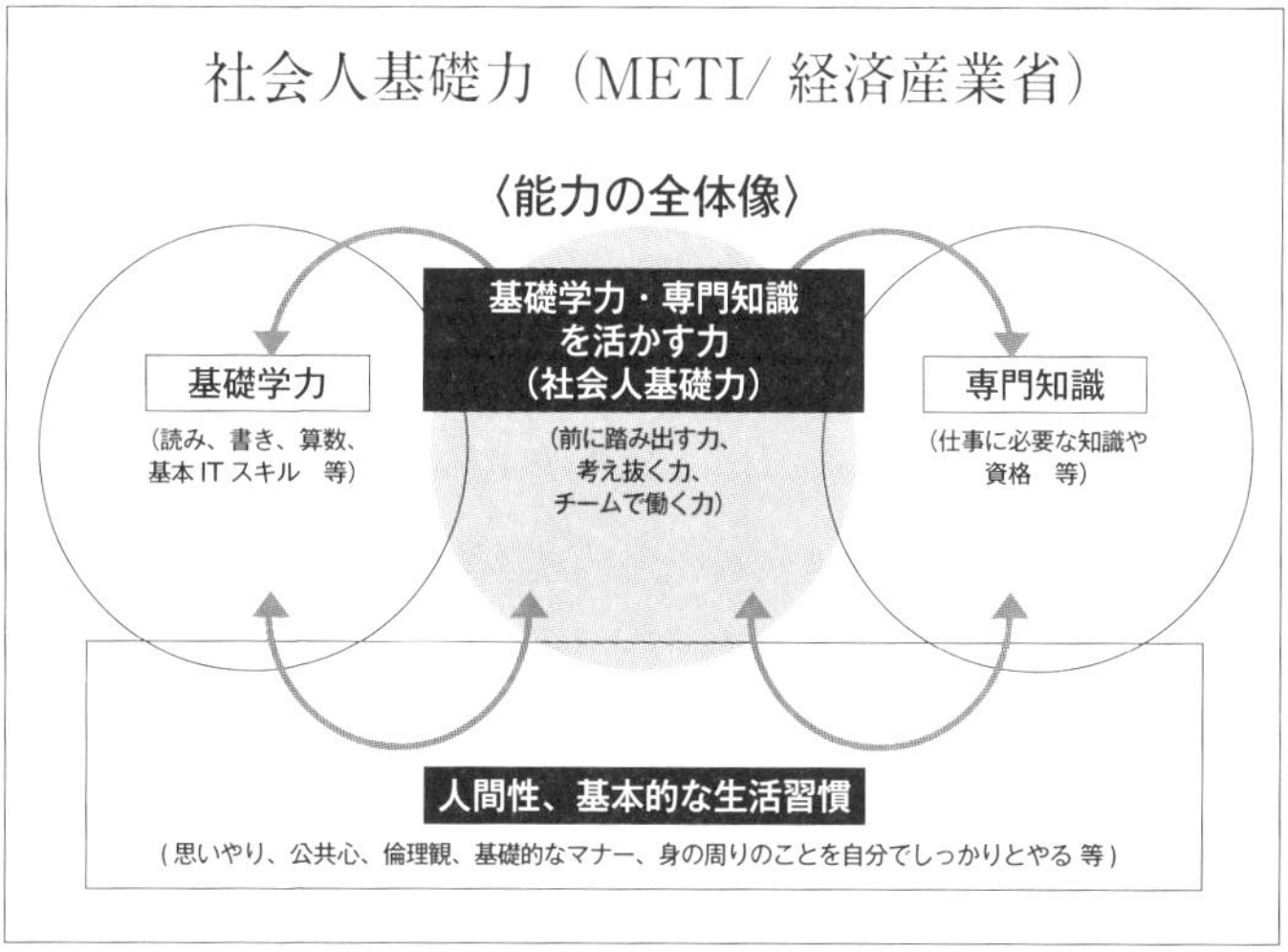
社会人基礎力（METI/ 経済産業省）
〈能力の全体像〉
基礎学力・専門知識
を活かす力
（社会人基礎力）
（前に踏み出す力、
考え抜く力、
チームで働く力）
基礎学力
（読み、書き、算数、
基本 IT スキル　等）
専門知識
（仕事に必要な知識や
資格　等）
人間性、基本的な生活習慣
（思いやり、公共心、倫理観、基礎的なマナー、身の周りのことを自分でしっかりとやる 等）

本検定の目的

■ 自分を好きになること (メタ認知)
他の人と関わること
他の人に関心を持つ・他の人を好きになる
自分を知る・自分を好きになる

■「思考」と「ことば」の力を高める
自分は何者なのかを客観的に観る
思考を言語化し、伝え合う

■ 他人や社会に関わる事柄を自分事として捉え、「関わる力」を高める
(他の人への関心 ⇄ 自分への関心) → 社会への関心

■ 異質なものと関わり共存するために必要な思考力
ディスカッション・ディベート・ネゴシエーション

本検定の価値基準

即興型 (縦軸)

「起きたことに対応する即興力」が人を強くする、という価値観を優先する。

暗記・記憶型の学び
↓
即興型の学び
小さな自己決定を重ねる

対話型 (横軸)

「人は、自分と違うものに向かい対峙した時に成長する」という価値観を優先する。

「対話すること」「向き合うこと」
「対話を諦めないこと」
↓
他 (人・社会) への関心
共に成長する

強さ → **賢さ** ← **優しさ**

対象：児童～成人

コミュニケーションの訓練
スピーチの訓練
質問の訓練　風
自己表現　火
論理的思考　石
問題解決の視点　石風火水
空（天・地）

三段論法
六角ロジック
問題発見の視点
複眼的視点の提示
ディスカッション
ネゴシエーション

本検定の級・段

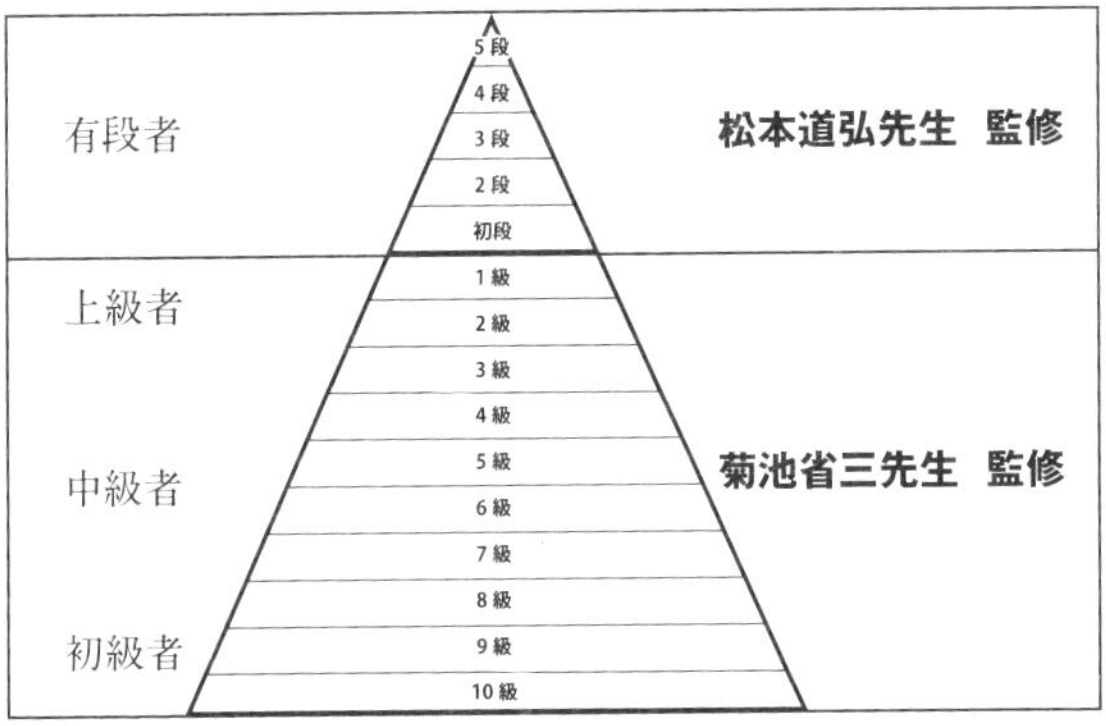

有段者
上級者
中級者
初級者
5段
4段
3段
2段
初段
1級
2級
3級
4級
5級
6級
7級
8級
9級
10級
松本道弘先生　監修
菊池省三先生　監修

各級・段の目標

初級　自分のことが好きになり、友達のことが好きになる。

中級　日常生活に関わる話題で自分の意見や疑問を言葉に出すことができる。
問題を解決するために対話する力をつける。

上級　社会に関わる話題に興味・関心をもち、自分の意見や疑問を言葉に出すことができる。
問題を発見し、解決するための対話の力をつける。
三角ロジックを使用して対話をする力をつける。

有段　社会や世界に関わる話題に興味・関心をもち、
問題発見し、解決に向かって考えを提示することができる。
六角ロジックを使うことができる。
複眼的な視点で対話による解決を成す力。

こんな力をつける検定にしたい　1

■即興力

・暗記・記憶で準備ができるものではなく、あくまでも生来の知能(ネイティブ・インテリジェンス)を信じ、自ずから生じる即興をベースとする。
・検定のために行う訓練・練習が、生きていく力になるようなものとする。

■コミュニケーション能力

・初めて会う人と積極的にコミュニケイトして、相手との情報を共有しうる方法を知っていること。(質問の力)
・相手を不自然に喜ばせたり、傷つけたりしないためのセンサーを持っていること。
・コミュニケーションが途絶えたり、食い違った時にとっさに対応する方法を知っていること。

■スピーチの力

・与えられたテーマについて即興でスピーチを組み立て、与えられた時間内で伝える力

こんな力をつける検定にしたい　2

■自己言語表現能力
・自分のことを言葉によって表現する力。それを伝える力。
・自分の考えや気持ちを言葉によって表現する力。それを伝える力。
・自分の考えを誠意を持って相手に伝え、共感や理解をえる力。

■論理的思考力
・自分の頭で考える力
・自分の考えの論拠を提示する力
・質問に対して適切に答える力・質問する力
・反論に対して適切に答える力・反論する力
・自分の提示する前提について説明する力
・具体的な例を提示する力
・小前提、大前提の概念を言語化する力

■複数の視点を提示する力
・もうひとつの視点を提示する力(新しい視点)
・視点のずれを見つけて説明する力
・三角ロジックの知識を持つこと
・三角ロジックの分析ができること

こんな力をつける検定にしたい　3

■ ディスカッション能力
・ディスカッションの目的を果たすための対話を貫く力
・メンバーの意見を聞き出し理解を示す力
・意見、質問、反論をまとめる力
・コミュニケーション上の問題を解決する力

■交渉力
　石・風・火・水・空
・対話スキルは、知的(IQ)なものと、情的(EQ)なものとに大別される
・交渉ごとは常にままならず、人と人との「しがらみ」はロジックだけでは割り切れない
・石という原理原則も、風向きにより調整が必要となる
・人は知的に説得はされても、情的に腑に落ちなければ、納得はできない
・石と風だけでは説得はできても、火と水という情理が加わらなければ、人を動かす情的パワーは身につかない
・知と情を足して2で割った中心点(a cross between logic and emotion)が空(ゼロ)である
・人間力の「核」ともいうべき重心が「空」である
・最終的には相手を自分に結びつける求心力のセンター
・ディベートが人を惹きつける力を発揮するのは、この共感・共鳴力である

即興型スピーチ

即興スピーチ

・わたしを○○（動物・野菜・食べ物・色・形容詞・文房具?）に喩えると
・わたしと○○
・即興意見スピーチ（短い文章を読んで（聞いて）自分の意見を１分スピーチ）

即興立論スピーチ

・短い文章を読んで（聞いて）自分の意見とその理由を１分スピーチ
・即興感想スピーチ　短いお話を読んで（聞いて）
　　　　　　　　　　自分の気持ちや体験を１分スピーチする
・即興反論スピーチ　ディベータブルな両極端なＣに対して反論のスピーチをする
　　　　　　　　　　（Ｗに対しての version も）

初級：連想ものの名前ゲーム

・ペアを作る
・ジャッジが一つの名詞をパスする
・ペアが交代で連想される名詞をパス
・途切れないように名詞をパスし合う
・３０秒間

ねらい
・しりとりのルールから自由になる。
・自分が連想するもの、
　相手が連想するものの違いを楽しむ。
・自分と違う連想を受け入れる体験。
・自分の想像力に集中する。
・間違いはないゲームを通して
「間違いはない」ということを経験する。
・どんどん自分のアイデアを出す訓練

ジャッジのポイント
・失敗や間違いがあっても良い。
・失敗はおもしろい、という場を作る。
・ことばをよどみなく出すために、協力、
集中していたら合格。

初級：どんな・ものゲーム

・ペアを作る
・Ａが「大きい」等の形容詞を言う
・Ｂはそれに続く「箱」などの名詞を言う
・途切れないようにパスし合う
・３０秒間で交代

ねらい
・形容詞と名詞の使い方を知る。
・相手の言葉を受け入れる。
・即興で次々に言葉の選択をすることを楽しむ。
・言葉の面白さを知る。
・想像力を鍛える。
・どんどん自分のアイデアを出す訓練。

①「この世にあるもの」バージョン
ex. 黄色い鳥　小さな消しゴム
②「この世にないもの」バージョン
ex. 青いステーキ　三角の太陽

ジャッジのポイント
・失敗や間違いがあっても良い。
・失敗はおもしろい、という場を作る。
・ことばをよどみなく出すために、協力、集中していたら合格。

いいね！大作戦

・ペアを作る
・お互いに何かをほめる言葉を出し合う
「そのリボンは大きくて可愛いですね。」

「ありがとうございます。」

お礼を言ったら、すぐに相手の何かをほめる。それを繰り返す。
・30秒

ねらい
・相手をよく見る
・他の人の中の素晴らしさを発見する
・相手が好きなものを探す・感じる
・ことばにして伝える
・うそは言わない

ジャッジのポイント
・相手を一生懸命見ている。
・相手の言ってくれたことを受け入れる

おんなじおんなじ

・ペアを作る
・お互いの共通の「好きなもの」を探す
・たくさん探せるように交代で質問をし合う
「みかんは好きですか？」「好きです。」
『おんなじ！』
「おんなじ」の数がそのペアの得点で、
たくさん得点を得られるように協力し合う。
・30秒

ねらい
・「同じ好きなもの」を探すためにどんな質問をしたらいいか、どんな聞き方をしたらいいか考える。
・印象や既に得た情報から「こんなものが好きかな？」と推測する事に気づいてほしい

①「好きなもの」バージョン
ex. 野球、ラーメン、ゲーム
②「嫌いなもの」バージョン
ex. 漢字の練習、わさび

ジャッジのポイント
・自分で聞き方や質問の工夫を考えられるようにサポートする。
・相手のことを知ろう
という気持ちがあれば合格。

よってたかって質問ゲーム

・4人チームを作る
・質問をされる人、1つ目の質問をする人
2つ目の質問をする人、3つ目の質問をする人
・だれがその役になるか、
即興型ルール(※)で決める
・質問は、どんなものでも良いが、相手が答えやすい質問を考える。
(例：みかんは好きですか？)
・3人の質問者が質問を終えたら、1クール。次に2人目の質問される人を即興ルールで決めて質問を開始。全クール終わると終了。

ジャッジのポイント
・全体を見る
・自分で決める

ねらい
・即興型ルール：ことば、ジェスチャー、目線などでの対話をしない。つまり、自分で決める。
・他の人と「提案」「指示」のやりとりをせず、それぞれが、全体を見て自分のあり方を自分で決める。
・相手をあり方を受け入れる。

対談者（詳細は、本文8・9ページに掲載）
松本道弘（まつもと・みちひろ）
菊池省三（きくち・しょうぞう）

◆「対話検定」についてのお問い合わせ

「対話検定」準備委員会　事務局
〒669-1141
兵庫県西宮市塩瀬町名塩5117-3-309 NPO法人グラスルーツ内
Mail.sokkyoutaiwakentei@grassroots.or.jp

※2014年8月1日現在

Edu-Talk シリーズ①
ディベートルネサンス　究論復興

2014年8月25日　第1刷発行

著　／松本道弘　菊池省三
発行者／中村宏隆
発行所／株式会社　中村堂
〒104-0054 東京都中央区勝どき2-18-1
黎明スカイレジテル930号
Tel.03-6204-9415　Fax.03-6204-9416
ホームページアドレス　http://www.nakadoh.com
カバーデザイン／森 秀典（佐川印刷株式会社）
編集協力・本文デザイン／小林 義昭（佐川印刷株式会社）
印刷・製本／佐川印刷株式会社

◆定価はカバーに記載してあります。
◆乱丁・落丁の場合はお取り替えいたします。

ISBN978-4-907571-04-7